Les Battements de cœur du colibri

Roselyne Febvre

Les Battements de cœur du colibri

Le combat d'une mère face à l'addiction de son fils

éditions du
ROCHER

Éditions du Rocher
28, rue Comte-Félix-Gastaldi
BP 521 – 98015 Monaco

www.editionsdurocher.fr

ISBN : 978-2-268-10623-6
EAN epub : 9782268106441

À toutes les mères…

« Il faut porter en soi un chaos pour pouvoir
mettre au monde une étoile dansante. »

Friedrich Nietzsche, *Ainsi parlait Zarathoustra* (1885)

Certains font le tour de France des châteaux ou la route des vins. Moi je fais le tour des hôpitaux psychiatriques. Je connais toutes leurs formes, leurs architectures, anciennes, modernes. Je connais trop bien les linos gris impeccables ou tachés, la lumière crue, blanchâtre qui éclaire ces visages déformés… cette bave qui ruisselle au coin des lèvres pendantes que la souffrance à demi éteinte par les médicaments tord. Il semble qu'il n'y ait plus âme qui vive dans ces yeux las.

Si certains imaginent qu'ici on crie ou on hurle, ils se trompent. Tout est silence, prostration. La souffrance ne fait pas de bruit. Évanouie pour un temps, noyée dans les molécules, distribuées avec une régularité de moine. À matines, on chasse le malin à coups de cachets. Le soir, on ouvre la bouche pour recevoir l'hostie qui endort.

Les hommes et les femmes en blanc chahutent et blaguent dans leur bocal du « poste infirmier » au centre de l'immense pièce, autour d'eux la violence sourde et la folie rôdent, mais elles sont bien tenues en laisse. Les moments de tension sont systématiquement stoppés. Si la violence se réveille, si elle est trop forte, le patient est emmené dans une « chambre d'apaisement » ou « d'iso » comme ils disent, l'ancêtre de la chambre capitonnée, qui a vraiment existé ! Incassable, sécurisée, vide. Il est sanglé sur son lit, prisonnier dans son corps et dans sa tête.

Pour les crises d'angoisse, il y a le « si besoin ». Un médicament d'urgence, un anxiolytique ou autre qui va endiguer la crise et taire l'angoisse quand elle surgit. Les silhouettes voûtées, la tête penchée, repartent dans leur chambre traînant la pantoufle, le pyjama bleu de l'hôpital qui n'est jamais à la bonne taille. Parfois, ces ombres font le tour du rond-point du « poste infirmier » comme dans le film *Midnight Express*. Leurs yeux fixent le visiteur avec un regard de dorade morte.

Combien de fois ai-je laissé Arthur dans ces murs car, dehors, il était un danger pour lui-même ?

Repartir encore une fois, avec le souvenir de son petit visage souffrant par le hublot de la porte automatique qui se verrouille toute seule. Supporter ce regard perdu d'un enfant qui se sent abandonné et qui vous implore en silence de rester. J'ai eu tant de fois envie de mourir sur place, disparaître sur-le-champ parce que c'était insupportable. J'ai tant de fois espéré ne plus revoir ces blouses blanches et ces néons tristes. Car la crise passée – cela peut prendre des semaines ou des mois –, il redevient lui-même. Le jeune homme brillant, aux yeux perçants, à l'humour ravageur et à la sensibilité extrême. Mais le cannabis et les drogues de synthèse lui retirent sa santé mentale.

Je ne cesse de tenter de comprendre pourquoi Arthur a chuté. J'ai toujours su qu'il était timide, taiseux, parfois mal à l'aise avec les autres, incapable d'accepter ses émotions qu'il refoule sans cesse. Que ce soit la colère, la peur ou la tristesse, il affiche toujours une fausse tranquillité. Sa sensibilité est si grande qu'il n'ose l'exprimer, même tout bas. Il a peur de ce qu'il transporte à l'intérieur de lui, de ce qui le traverse, comme un lourd fardeau difficile à soutenir.

Si jeune, l'humanité le déçoit déjà. Des amis qui le trahissent, les mauvais comportements, les injustices supportées en silence, les humiliations à l'école, ses petites amies qui bousculent sa douceur. Ses parents qui n'ont pas perçu sa souffrance d'enfant de divorcés, tant ils étaient occupés à batailler.

Ce sentiment que, décidément, si tôt, la vie est bien trop décevante. Avec la drogue, il croit enfin pouvoir être lui-même. Il peut aimer sans risque, il peut braver la nuit, être léger comme l'air, sans souffrance, sans honte, sans complexe. Shooté, il peut se libérer de ce qui l'entrave, comme une source jaillissante. Il devient alors un dieu juché sur l'Olympe, délesté du regard et du jugement des autres. Il est tout-puissant. Il est dieu et diable à la fois.

Il a remonté une marche. Une toute petite. Il en dégringole des dizaines.

Moi, je m'agrippe comme le premier de cordée, je tiens bon pour le soutenir. Mais je n'en vois jamais le bout. C'est un Annapurna sans sommet.

Grimper, je sais faire… Tomber aussi ! S'accrocher avec les ongles et se relever comme une acharnée. Parce que lui glissait. Parce que le diable apparaissait comme un magicien, un fou, un funambule.

Je l'ai tant de fois perdu, tant de fois récupéré.

La patience est une qualité qui ne m'a pas été donnée. Une amie absente. À l'inverse de l'inquiétude qui, elle, est si fidèle. C'est une compagne quotidienne, constante et tenace. Elle me possède et j'ai le sentiment qu'elle me possédera à jamais. Elle s'enroule et pousse comme un lierre autour de moi. Envahissante, elle grimpe et plante ses petites pousses griffues dans les fissures pour s'y incruster.

L'angoisse est une vieille amie qui veille et ne dort jamais. Elle est obsédante et cruelle.

A-t-il bien dormi ? Car le manque de sommeil est chez lui le signe qu'il a de nouveau consommé de la drogue. Bien mangé ? Pourquoi maigrit-il à vue d'œil ? Qui a-t-il vu ? Pourquoi tousse-t-il tant ? Fume-t-il trop ? Revoit-il ses anciens camarades à l'influence vénéneuse ? M'a-t-il volé de l'argent pour s'acheter sa came ? J'inspecte mes placards. A-t-il touché à la fumée du diable ? La beu, la weed, le bedo, le shit, le teush, la cons, la came, la dope, les champis, la ket, les amphets.

Le poison coule encore dans ses veines comme un sang noir.

Fumer c'est jouer

Arthur a 19 ans. L'âge des conneries, des soirées qui se terminent au petit matin. L'âge où l'on souffre sans rien en dire parce qu'on se compare secrètement aux autres. Parce qu'on ne sait pas ce qu'on fera de sa longue vie.

C'est l'âge où se mêlent l'insouciance et l'inconsistance. Celui où l'on se sent ni grand ni petit. Et tout à la fois naïf, révolté.

L'âge où l'on se saoule pour faire comme tout le monde. Parce qu'il faut tirer sur un pétard pour ne pas passer pour un ringard. Fumer du shit pour entrer dans une bande et se faire des amis, se faire accepter. Fumer et plus encore, comme un défi à la banalité des adultes qui préfèrent avaler leurs anxiolytiques.

Arthur est de ceux-là. De ceux qui aiment le défi, le danger sans en avoir l'air. Rien ne le laisse supposer lorsqu'on le regarde. Avec sa démarche féline et son long corps élancé. Il aime se donner un style. Il les a tous essayés. Du dandy au poète maudit, en passant par le mauvais garçon qui a pour arme la dissimulation. Le mensonge, car c'est une protection, une citadelle imprenable. Il cherche à bâtir sa singularité, mais il tâtonne. Il veut fuir qui il est, mais cherche qui il voudrait être.

Il vit avec moi. Sa sœur Camille habite dans un studio. Elle a cinq ans de plus que lui et poursuit ses études supérieures. Nous vivons à Paris dans un appartement au bord de la Seine. Je suis journaliste sur une chaîne d'information, responsable de la politique intérieure.

« Tu peux me donner de l'argent pour ce soir, j'ai une soirée… Je ne sais pas à quelle heure je rentrerai. »

Je hais ces mots : « Je sors ce soir. » Je sais instinctivement ce qu'ils recèlent de dangereux. Parfois je voudrais qu'Arthur soit déjà facteur, ingénieur ou boulanger. Que ses chaussons l'attendent, qu'il se couche tôt car il travaillerait le lendemain. Un bon petit fonctionnaire qui s'apprête à se glisser dans la vie comme l'on rentre dans une boîte. Ce que moi je me suis toujours refusée à faire.

Il fume du cannabis, je le sais. Il fume comme beaucoup de jeunes de son âge, d'abord en cachette et parfois sous mon nez tard le soir quand je dors.

Cela me contrarie mais mes arguments sont inopérants :

— Pourquoi tu fumes du cannabis ?

— Parce que c'est *cool*… Mais maman, tout le monde fume…

— C'est un argument ça ? Et puis d'abord non, tout le monde ne fume pas.

— Mais si… T'inquiète, c'est rien.

— Non ce n'est pas rien, c'est illégal… C'est dangereux… Sinon, pourquoi ce serait interdit, hein ?

Il hausse les épaules, se fiche de mes préventions.

Je ne trouve rien de plus convaincant à dire. Il claque la porte et s'en va. Une vague inquiétude s'installe pour me tenir compagnie. Elle se blottit entre mes coussins. Dans quel état va-t-il revenir ? À quelle heure ? J'ai du mal à trouver le sommeil.

Le lendemain, je sermonne. Je morigène. Je lui dis que « c'est pas bien ». Je menace : « Tu seras privé de sortie. »

Mais c'est un ridicule « pan-pan cul-cul ». Un « cause toujours, tu m'intéresses ! »

Je demande à son père s'il peut l'emmener chez un psy.

Il l'emmène à un rendez-vous dans un célèbre centre d'addiction en région parisienne. Je demande :

— Alors qu'a dit le médecin ?

— Il m'a estourbi : 120 euros et, franchement, je ne vois pas l'intérêt, répond Pierre. Je suis sûr que c'est un charlatan.

Depuis l'âge de 15 ans, je savais qu'il fumait de temps en temps. Mais je ne remarquais rien dans son comportement qui aurait pu m'alerter. Exceptées ses mauvaises notes à l'école que je mettais sur le compte de la fainéantise.

Il savait si bien mentir et dissimuler.

*

Arthur vient d'avoir son bac et souhaite sans aucune hésitation faire une école de cinéma. En première, il avait choisi l'option « cinéma ». Déjà sa culture cinématographique est impressionnante et solide. Il aime *Zabriskie Point* de Michelangelo Antonioni, *Raging Bull* de Martin Scorsese ou *Orange mécanique* de Stanley Kubrick. Il a une passion pour le Japonais Akira Kurosawa et *Les Sept Samouraïs*. Le film dure trois heures. Il me propose un soir qu'on le regarde ensemble, mais, au bout d'une heure, je m'ennuie. Lui adore.

— C'est un peu chiant, lui fais-je remarquer.

— Tu n'y connais rien !

Il a sans doute raison.

Il a passé les concours de plusieurs écoles de cinéma. Il est reçu partout. N'ayant que l'embarras du choix. Il s'inscrit dans l'une d'elles à Paris.

Arthur sort d'une rupture amoureuse qui lui a laissé une tristesse dans le regard. Ce premier amour, lorsqu'il s'est arrêté net, a eu le goût de la tragédie.

Pour expurger sa peine, il choisit d'en faire un court-métrage qu'il tourne et monte lui-même. Il se met en scène. Il va filmer aux abords de Notre-Dame et dans la petite librairie Shakespeare. Il est doué. Créatif. Il y a chez lui une recherche d'esthétique. Il mixe musique et voix *off.* Habillé d'un trench, il marche sur les bords de Seine de l'île de la Cité comme un jeune romantique tourmenté, raconte son histoire et en donne la morale. Le film est tourné en noir et blanc. Seule la rose qu'il porte à la main est rouge. Il lance la fleur à l'eau et conclut : « Si l'on vous donne l'amour une fois, on peut le retrouver autant de fois qu'on le souhaite. »

Un soir, je rentre à la maison et le vois allongé sur son lit avec une jeune fille. Ils écoutent de la musique et pouffent. Elle minaude, étire une mèche de ses cheveux blonds en les tournant en anglaise autour de ses doigts. Lui, il a des milliers de petites lumières qui scintillent dans ses yeux. Ils sont amoureux, bien sûr. Je suis heureuse pour lui. Il semble guéri de son chagrin.

Quant à moi, je viens de rencontrer François.

Après treize ans de mariage, puis une longue passion amoureuse avec un Breton, j'ai ensuite abrité dans mon cœur chamboulé quelques spécimens choisis à la perfection. Des joueurs, des menteurs, des dysfonctionnels sans doute adaptés à ma névrose. Et puis, il est arrivé comme un empereur sur son char. Grand, beau, digne, les cheveux grisonnants, comme si au-dessus de lui il avait neigé des flocons de sagesse. Semblant paré de toutes les vertus, ce pur intellectuel cachait ses ombres dans la brillance de son intelligence.

Il veut évidemment vivre avec moi. Il n'a pas d'enfants. Je sens qu'il ne veut pas d'Arthur entre nous. Nous restons une petite année chacun chez soi, mais je vais chez lui tous les week-ends. Arthur est de moins en moins présent. Il roucoule avec la jeune fille aux boucles blondes.

François et moi finissons donc par emménager ensemble. Persuadé qu'il a trouvé la femme idéale, il se lance dans la construction d'une nouvelle vie après un divorce compliqué. Il veut s'accorder la joie et la réalisation de quelques rêves dont celui de s'acheter une maison de campagne.

Arthur se réjouit que je lui loue un studio où il peut vivre seul avec la compagnie fréquente de Jade, la fille aux boucles d'or.

Le rêve

Tout commence par le rêve…

Les draps du lit sont trempés. Je ne veux pas poursuivre le rêve, mais je ne veux pas non plus me lever. Je ne veux pas m'en souvenir, et pourtant cette sensation étrange ne me quitte pas. Je regarde par la fenêtre pour m'assurer que le décor n'a pas changé, que tout est normal, que je ne rêve plus.

Je suis à la campagne. Les arbres sont immobiles, il n'y a pas un souffle de vent. Le ciel est blanc et l'herbe du jardin recouverte d'une fine couche laiteuse déposée par la rosée. Les oiseaux piaillent au petit matin. Je cherche la raison qui devrait m'inquiéter, mais je n'en trouve pas. Pourtant je perçois un malaise que je ne peux m'expliquer. S'il y avait quelque chose d'anormal, le ciel me le ferait savoir. Les feuilles s'agiteraient, toute la nature se liguerait pour me délivrer un message. Non, tout est calme en apparence. Nous sommes ce lundi matin tôt, aux abords de la forêt de Rambouillet.

Je descends prendre un café d'un pas lourd et l'esprit torturé. Je fuis ce rêve diffus qui bourdonne autour de moi comme une mouche énervante. Mais j'ai toujours cette étrange intuition qui me chuchote que j'ai bientôt rendez-vous avec le malheur. Le chien Fersen me fait la fête. François est à sa table de travail comme tous les matins. Absorbé par la lecture des journaux.

— Tu as bien dormi ? me demande-t-il.

— Non, pas très bien… J'ai fait un rêve bizarre…

Mais il ne me demande pas quoi… Il retourne à sa lecture.

Ce rêve est encore flou, insaisissable mais revient comme un ressac. Je cesse alors de l'éloigner d'un revers de main et y réfléchis. Je me souviens d'un cheval blessé à la tête… Un côté défiguré, ensanglanté… J'ai dans les mains les rênes, mais elles sont coupées au milieu, elles ne se rejoignent plus. Je sens que je ne maîtrise rien. Plus rien.

Je prends mon portable et découvre des messages d'Arthur à 3 h 53 du matin. Des phrases décousues : *Je veux voir Fersen.* C'est le chien. Puis, à quelques minutes d'intervalles : *Subtil. Merci.*

Je comprends que Arthur va de travers. Depuis des semaines il ne dormait plus sans que j'en comprenne la cause. Son état m'alertait. Maigre. Le visage émacié. Le teint couleur olive verte. Il est seul dans son studio dans le 15e arrondissement de Paris, mais il a gardé les clés de chez nous pour passer laver son linge le week-end quand nous sommes absents.

Je reprends un café brûlant. Le sentiment d'une catastrophe imminente ne me quitte pas. Une douche sommaire me donne un coup de fouet. Je m'habille à la hâte. J'ai la langue et la gorge sèches. Je monte dans la voiture et file à Paris en direction de l'appartement. François est resté à la campagne. Je téléphone à Arthur. Plusieurs sonneries avant que sa messagerie ne se déclenche. Ma tête est un tambourin. L'angoisse grandit, s'agrippe, elle prend tout mon corps qui tremble. Je le rappelle deux fois, trois fois, dix fois. Mon téléphone sonne enfin, c'est François :

— La gardienne vient de me laisser un message, il faut qu'on la rappelle d'urgence.

Je lui réponds que je m'en charge. Mon cœur s'emballe, mon pouls bat dans mes tempes, la sueur perle sur mon front. J'ai chaud, j'étouffe. J'accélère, le cadran atteint les 140 km/h, la voiture tremble à mon rythme. Je double toutes les voitures. Je rappelle la gardienne. Elle décroche tout de suite.

— La porte de votre appartement est grande ouverte, la musique à fond, dit-elle avec son accent serbe.

— Vous êtes rentrée dans l'appartement ?

— Oui, mais il n'y a personne.

Je ne m'attarde pas. J'accélère encore, mon cœur fait de même. Arrivée, je me gare à la hussarde et monte hors d'haleine.

Le désordre règne dans toutes les pièces, ses clés sont jetées à terre. Foutoir. Une serviette de bain est en boule et mouillée sur le parquet, des chaussettes à côté. Ses chaussures sont là, sa veste aussi. Cela signifie-t-il qu'il est sorti pieds nus ? La panique prend possession de tout mon corps, mon thorax se rétrécit quand je respire, mes jambes me portent à peine. Je n'arrive plus à penser. J'ai le corps et l'âme en détresse.

J'appelle son père, Pierre. Mon ex-mari dont je suis divorcée depuis plus d'une décennie. Je lui raconte haletante, mais les mots sortent dans le désordre.

Je lui donne rendez-vous devant le studio d'Arthur. Sa porte est ouverte. Il y règne le même désordre que chez moi. La lumière est allumée, la musique à fond. C'est un capharnaüm indescriptible. Tous ses habits sont jetés au sol. Et, sur son mur, il a écrit en grand, au feutre noir… *Merci.*

Toutes les visions apocalyptiques s'invitent dans mon esprit. *Où es-tu ?* ai-je envie de hurler. Son téléphone ne sonne plus, la messagerie s'enclenche directement. Je sonne, puis sonne encore à en vider mon chargeur. En vain. Je casserais bien la gueule à cette voix féminine robotisée.

— Mais qu'est-ce qu'il se passe, mon Dieu… Il faut appeler la police… Il a peut-être fait une bêtise. Pourquoi il a écrit « Merci » sur le mur ? dis-je à Pierre, perplexe.

Je savais que sa relation avec Boucle d'or était orageuse, passionnelle. Il m'avait appelée il y a quelques semaines :

— Je l'ai quittée. Je n'en peux plus. Elle est hystérique. Elle m'épuise.

Jade était une jolie jeune fille au teint pâle, presque cireux. Des yeux bleus étranges, éloignés comme ceux des statues sumériennes. Mobiles, ils semblaient se promener au travers de son visage inquiet. Je ressentais toujours un malaise à son contact. Elle m'adressait des sourires mielleux qui ne trompaient personne. J'assistai un jour à une scène qui me glaça et me fit comprendre qu'Arthur n'en sortirait pas indemne. Il l'amena à la campagne un week-end. Ils logeaient tous les deux dans un petit chalet dans le grand jardin. En pleine nuit, j'entendis un bris de verre et des cris. Je bondis comme un puma hors de mon lit et trouvai Jade en pleurs. Elle avait cassé la vitre de la porte avec une chaise. Arthur, livide, la regardait en pleine crise d'hystérie, ne sachant quoi faire. Il était calme mais eut le temps de me dire tout bas :

— J'en peux plus. Elle fait des crises sans arrêt. Là elle s'est mise en colère car je n'ai pas voulu me relever pour aller chercher son sac qui était dans la maison.

Des voisins à Paris étaient venus se plaindre du bruit et du tapage nocturne lorsqu'elle venait dans mon appartement en mon absence.

Je m'approchai d'elle doucement. Ses traits étaient déformés par ses pleurs et les crispations de son visage. Elle en devenait vilaine. J'avais envie de la jeter dehors, mais je la pris dans mes bras pour la calmer parce que, en cet instant, je la sentais dangereuse. François alla lui chercher un verre d'eau.

Elle se recoucha, hoqueta encore et s'endormit.

Quelques semaines plus tard, il m'avoua qu'elle se droguait et avait fait plusieurs séjours en hôpital psychiatrique. Il finit par la quitter.

— Je suis amoureux d'elle, mais elle me tue, faut que je sauve ma peau.

Pierre, inerte, regarde le mur où est écrit ce *Merci* au feutre noir, mais il ne dit rien. Je voudrais le secouer pour qu'il communie dans la peur avec moi, mais il est impassible.

— Il faut appeler le commissariat, dis-je.

Pierre s'en charge, car je n'arrive pas à prononcer un seul mot. Je n'ai plus de salive dans ma bouche sèche d'angoisse.

Je retrouve l'homme que j'ai quitté il y a plus de quinze ans. En apparence sans affect, froid, distant, mécanique. Au téléphone, il est factuel :

— Mon fils a disparu, quelle est la marche à suivre ?

Moi je me serais perdue dans les détails, avec des mots sortis en vrac, débordée par l'émotion. Je lui fais des signes pour qu'il insiste sur des éléments qui n'intéressent que moi.

Il reste calme et aussi neutre que le gouvernement helvétique. Le sang-froid, c'est sa force et sa faiblesse, son donjon. Il raccroche :

— On me rappelle… Ils se renseignent.

Je l'assomme de questions auxquelles il ne peut répondre. Il reste debout sans rien faire, à examiner le désordre.

Il faut que je m'active, que je fasse quelque chose en attendant ce satané coup de fil. Je me mets à récurer la cuisine comme si d'un seul coup l'urgence était là. Les assiettes sont empilées dans l'évier dégoûtant. Tout est pourriture, riz putréfié, os de poulet en décomposition. Je pars à l'assaut de la saleté, mais la crasse est la plus forte. Je frotte, je récure, je gratte dans le noir de la cuisine sans ampoule… Le jour et la nuit se confondent. Mon anxiété augmente. Le frigo est une puanteur. J'y découvre des plats en décomposition que je lui avais préparés quelques semaines auparavant. Un bagel au chocolat dur comme du bois, des vieux biscuits qui ont fait la guerre. Tout est désespoir. Je récure encore, car je ne peux pas pleurer. Je voudrais, mais je ne le peux pas, je n'ai pas le temps. Ce que je veux, c'est entendre la sonnerie du téléphone. Je regarde l'objet dans mes mains et lui intime secrètement l'ordre de sonner.

Le père est debout, il ne fait rien, incapable de m'aider. Il contemple le désastre. Il ressemble à une statue de pierre, mais je ne lis rien sur son visage : il est comme sidéré par ce spectacle indigne. Je le sens malgré tout inquiet.

Comment était-il possible de vivre dans une saleté pareille ? J'avais plusieurs fois insisté pour venir le voir chez lui, mais il trouvait toujours une bonne raison pour que je ne vienne pas. Ce *Merci* écrit sur le mur, qu'est-ce que cela signifie ? Je supplie le père de vider dans les toilettes le reste de ratatouille en putréfaction, sinon je vais vomir. Il le fait, l'air dégoûté. La cuisine est à peu près propre. Pierre me demande :

— Pourquoi tu t'occupes de ça maintenant ?

— Parce que je ne peux pas rester là sans rien faire… C'est insupportable.

C'est mon seul recours en cet instant.

Sur son lit, une petite boîte… sorte de moulin à moudre l'herbe ou le shit. Une chicha que je renverse d'où s'écoule une eau brunâtre. Sur son ordinateur, des mégots écrasés sur les touches. Des papiers de la Sécurité sociale éparpillés, des enveloppes de la banque qui ne sont pas ouvertes. Je ne sais plus à quoi m'atteler pour taire mon angoisse. J'ouvre les placards. Vides. Ce qui explique les habits éparpillés par terre. Du Sopalin scotché sur les étagères cache des drôles de petites fleurs – enfin, ce que je prends pour des petites marguerites séchées. Je ne vois vraiment pas pourquoi il deviendrait herboriste sur un coup de tête.

— C'est quoi ça ? demande Pierre, comme si j'avais la réponse.

Dessous, des pots sous plastique entourés comme on ceint des orchidées. Je suis intriguée, mais n'y prête guère attention.

Soudain, il me lance :

— J'ai faim, allons déjeuner.

— Mais je n'ai pas faim. Je ne peux rien avaler.

La statue de pierre insiste.

Cette demande me paraît incongrue. Comment pourrait-il remplir sa panse dans un tel moment, alors que je n'arrive même pas à avaler ma salive ?

J'ai cédé et me voilà assise au *Chiquito* sur une chaise branlante. Il commande une bavette. Elle baigne dans une sauce jaunâtre. Je le regarde, écœurée de le voir manger, mastiquer, avaler.Je n'ai qu'une obsession : retrouver Arthur. Le serrer dans mes bras, respirer son odeur de lait. Celle que gardent les enfants, même lorsqu'ils sont grands. Le téléphone sonne, c'est un flic.Il nous dit de nous présenter au commissariat central du 15e arrondissement.

Il paie sa note et je bondis dans ma voiture, lui prend son scooter. Je maudis tous les glandus du volant. Celui qui met son clignotant à gauche et tourne à droite, l'autre qui pile pour laisser traverser un pigeon. Mais, au fond, j'envie tous ces gens qui vivent normalement ce jour-là. Ceux qui cherchent une place calmement, qui font leurs courses… Moi, je suis en état d'urgence, dans la nuit noire de l'angoisse qui me retire toute pensée rationnelle, où tout être et tout objet semblent déformés. Il me faut trouver une place et vite. J'invoque tous les saints et tous les esprits disponibles en cet instant. J'appelle François. Comme s'il pouvait agir sur le monde matériel. Il m'apaise et m'engage à rester calme.

Une place. Je cours. Je suis sûre que j'ai l'air d'une folle. Je traverse sans regarder, je me fais klaxonner, mon souffle est court. Il faut que je me ressaisisse, que je donne le change. Je vois Pierre sortir du commissariat. Comment ? Déjà ? Toujours calme, la tête légèrement rentrée dans les épaules, il me tend un papier. Un numéro de téléphone. Celui du central des hôpitaux de Paris.

— Il faut appeler ce numéro pour savoir s'il a été hospitalisé quelque part, dit-il. C'est à nous de mener l'enquête. À nous de nous débrouiller.

Le « Allô » de l'opératrice est malaimable. Je voudrais qu'elle m'assure que tout va bien, qu'elle m'enveloppe d'une voix apaisante. Mais elle s'en fiche, elle est technique, froide et mécanique. J'épelle le nom de mon fils. Patience. Petite musique idiote. Elle me reprend.

— Votre fils est passé aux urgences de l'hôpital Ambroise-Paré à Boulogne à 10 h 30.

Je m'affole. Elle ne sait rien. Sur mon insistance, elle me répond :

— Secret médical, je ne peux rien vous dire car il est majeur. Appelez la police.

— Mais je suis à la police.

Je raccroche en la maudissant.

Nous retournons au commissariat. Nous allons être reçus par le commissaire grâce à un piston sans lequel nous n'aurions peut-être jamais eu de nouvelles. Assise dans l'entrée, j'essaie d'avoir l'air normal. Mais je me soupçonne d'avoir l'œil mobile de la poule affolée.

Nous sommes accueillis par deux gardiens de la paix. Au bout d'une demi-heure de recherche, ils nous informent que notre fils est au commissariat du 16e arrondissement. Je sors soudain de mon apnée.

J'ai alors la sensation de respirer pour la première fois. Une profonde inspiration suivie d'une expiration interminable. Quelques larmes de soulagement me picotent les yeux. J'ai soudain envie d'embrasser les policiers, mais évidemment me retiens et me contente d'un sourire de reconnaissance. Ils nous tendent le PV de son interpellation. Arthur a été ramassé par une patrouille de police. Pieds nus, il sautait sur le capot des voitures en poussant des cris. Les bras en croix, il criait qu'il était le Messie. J'en rirais presque si la tension n'était pas à son comble.

L'internement

Nous filons avenue Mozart où Arthur est en cellule de dégrisement. Je suis étonnée. Je sais qu'il fume des pétards, mais il ne boit pas beaucoup d'alcool. Une cuite à 17 ans l'avait, semble-t-il, vacciné... Il avait vomi sur le tapis persan d'une amie prout-prout, qui d'ailleurs ne lui en a jamais tenu rigueur.

Le policier nous confirme que notre fils est en cellule. Il reconnaît Pierre et devient tout sirupeux :

— Vous êtes le Monsieur de la télévision ?

Content de voir une vedette. Il entame la conversation, mais je trépigne et demande de ses nouvelles. Son air devient grave soudain :

— Il a crié, nous a insultés, il a déchiré tous ses vêtements, il s'est griffé le corps entier et s'est cogné la tête contre les murs.

— Mais enfin, qu'a-t-il ? lui demandé-je, horrifiée.

— Le véhicule qui l'a interpellé l'a emmené à l'hôpital. Il a été vu par les médecins.

— Et qu'ont-ils dit ?

— Je ne sais pas Madame.

Décidément, personne ne sait rien.

En entrant dans le commissariat, j'avais entendu des cris, quelqu'un taper sur une grille en fer. Je pensais qu'il s'agissait d'un clochard qui avait été ramassé et qui protestait de se retrouver derrière les barreaux.

Le brigadier, gentiment, mais sans autre précaution, nous lance :

— Vous entendez là ? C'est votre fils… C'est lui qui tape.

Je me dresse comme un chien en alerte. Je me dirige sans réfléchir vers le son métallique. Il me rattrape par la manche :

— Madame vous ne pouvez pas entrer.

Je recule d'un pas et retourne m'asseoir, piteuse et dévastée. Nous devons partir et attendre la fin de la durée légale de la mise en cellule de dégrisement. Le flic nous rappellera vers 17 heures et nous pourrons le récupérer.

Nous repartons, silencieux. Seuls les regards parlent. Le père marche calmement dans la rue, lentement, la veste sur l'épaule comme pour une balade estivale. Moi devant. Lui, loin derrière.

À 17 heures, après quelques minutes d'attente, nous franchissons la ligne interdite au public dans un premier sas. Arthur arrive. Il a la tête baissée. Son corps strié de griffures sanguinolentes, nu sous une sorte de chemise verte en papier, ses affaires déchiquetées à la main. Sa chemise et son pantalon en lambeaux. Dans son regard, je perçois une lueur perfide que je n'ai jamais vue. Un regard où se mêlent défiance et désespoir. La colère se dispute à la honte. Il baisse à nouveau la tête et la relève, soudain prêt à en découdre. Puis il fond en larmes, comme si quelque chose en lui bataillait.

— Arthur, dis-moi ce qu'il s'est passé… On ne te jugera pas, lui dis-je doucement.

Il me fixe, il hésite, je le soutiens du regard pour qu'il me parle :

— J'ai fumé et mangé des champignons hallucinogènes.

— C'est donc ça les petites marguerites chez toi ?

— Oui, je les fais pousser.

— Tu as pris d'autres choses ?

— Oui, plein de trucs, répond-il, agacé.

— Et ça fait longtemps que tu prends ça ?

— Oui, depuis quelques semaines… Arrête de me poser des questions.

Son père ne dit rien. Il porte son masque vénitien qui tire ses traits vers le bas.

Arthur délire à nouveau et nous regarde comme s'il ne nous connaissait pas. Il tente soudain de s'échapper, à moitié nu. Un policier le rattrape et lui assène :

— Hep jeune homme, on reste ici, d'accord ?

Je lui avais apporté des vêtements trouvés à la hâte chez lui. Il s'habille à deux à l'heure. Son regard fuit le mien, mais j'ai le temps de saisir à la volée à la fois de la souffrance, de la honte, du mépris de nous ou de lui-même. Et enfin… ce que je redoutais : j'entrevois une lueur de folie. Ce n'est pas lui. C'est un autre. Je ne sais pas qui j'ai en face de moi.

Le père part s'occuper de signer les papiers et me demande mon passeport. Il ne veut pas retourner dans le sas ou n'en a pas le courage.

Les policiers me proposent d'emmener Arthur à l'hôpital Sainte-Anne dans la voiture de police.

— Votre fils n'est visiblement pas dans son état normal. Vous n'allez pas vous en sortir toute seule. On va l'emmener, dit le brigadier.

Ils veulent le menotter pour éviter qu'il ne s'enfuie.

— Mais ce n'est quand même pas un criminel !

— Comme vous voulez, Madame, mais il a plusieurs fois essayé de s'en aller. Il vaudrait mieux, pour sa sécurité.

J'hésite, mais j'en comprends alors la nécessité. Je regarde Pierre qui me fait un signe d'approbation.

Son fils baisse la tête, comme un condamné... J'entends le clic des menottes que je n'avais entendu que dans les films. Il traverse le commissariat en regardant par terre. Je ne veux pas voir. Je cours à ma voiture sans vouloir regarder, mais je saisis au loin son visage amaigri et douloureux au moment où il entre dans le véhicule.

Je monte dans ma voiture. Je suis, je colle la Kangoo de la police dans les couloirs de bus et les sens interdits. On dirait *Fangio*, mais je n'en tire aucun plaisir à ce moment. Le père, qui est à scooter, doit nous suivre, mais il m'appelle pour me dire que son scooter ne démarre pas. La poisse s'est invitée.

Nous entrons comme un cortège dans l'enceinte de Sainte-Anne. La voiture s'arrête devant un bâtiment, le CPOA (Centre psychiatrique d'orientation et d'accueil). Les trois policiers qui accompagnent Arthur le livrent au corps médical... Je leur serre la main et les remercie. Au fond de moi, j'attends un regard compatissant, mais je n'ai en retour que de l'indifférence. Ils repartent après lui avoir enlevé les menottes.

Dans la salle d'attente, je m'attends à voir des dingues en camisole qui crient et s'agitent. Je ne vois que des regards vides, de la souffrance qui se tait, un calme après ou avant la tempête. En face de moi, une petite mamie tient son sac carré sur ses genoux. Maquillée, pomponnée, elle semble prête pour un thé dansant. Elle a l'air paisible, mais son regard est fixe. Que vient-elle faire ici ? À côté, une jeune fille est prostrée. Habillée tout en noir, pâle comme une gisante, elle est entourée de ses parents. Ils ne disent rien. Nos regards se fuient, mais inévitablement se croisent. Une fraternité secrète nous lie. Nous souffrons du même mal : voir souffrir nos enfants.

Un autre jeune homme en survêtement avec l'écusson d'un club de foot inconnu, en tout cas de moi, tient sa tête entre ses mains. Il semble dans un sombre dialogue avec lui-même. Il a les mâchoires serrées. Elles se contractent. Son regard est invariablement tourné vers le sol et ses mains s'empoignent nerveusement. On sent une grenade prête à exploser.

Arthur lui aussi est prostré. Puis se lève d'un seul coup :

— Bon… on rentre ?

— Non Arthur, tu es aux urgences. C'est grave. Tu vas voir des médecins.

Il se rassoit. Va aux toilettes. Je le suis jusqu'à l'entrée, de peur qu'il ne s'échappe. Ce qu'il tente de faire, bien sûr, mais les portes des urgences sont verrouillées. Il sort dans un petit jardin. Je m'assure qu'il est clôturé. Ici, tout est fermé à clé. Il m'ordonne :

— Donne-moi une clope !

Puis il en demande une deuxième après avoir grillé la première. J'essaie de l'en dissuader, après tout ce qu'il a ingurgité. Il s'énerve. Me fuit.

— Arrête de me suivre, me lance-t-il avec un regard de défi.

Je retourne sur mon siège, anéantie, l'esprit à la dérive. Abandonnée à l'incompréhension.

Son père arrive. L'épisode du scooter en panne n'entame pas son calme d'apparat. Le bloc de glace qui n'a jamais fondu s'assoit à côté de moi. Je le regarde. Cherche une réponse à ce mystère émotionnel. Je me suis heurtée à cet iceberg tant d'années que, un jour, j'ai décidé de divorcer après avoir sans cesse repoussé mon choix. Arthur en a été éprouvé, sans doute autant que moi. Nous sommes assis, tous les trois en silence dans notre impénétrabilité.

— Alors on en est où ? lance l'iceberg.

— On attend toujours.

— Que s'est-il passé avec ton scooter ?

— Je ne sais pas, il n'a pas voulu démarrer.

Puis le mutisme l'emporte.

Les heures passent. Arthur est reçu par un infirmier. L'entretien a lieu dans la salle d'attente que seuls un paravent et un écriteau « lieu de confidentialité » séparent. J'entends des bribes de mots.

— Champignons hallucinogènes, anxiolytiques, bêta-bloquants, MDMA, cocaïne, absinthe…

Absinthe… Ça existe encore ? Qu'est-ce qu'il a fichu ce gosse ?

Je regarde son père.

— Mais enfin, ce n'est pas possible ! Où a-t-il trouvé tout ça ?

Pierre reste toujours impassible, le regard vitreux, affaissé dans la banquette en plastique. Sa voix est inaudible quand il s'aventure à communiquer : il marmonne. Je suis sourde ou bien sa voix s'est éteinte ?

Arthur revient. Son père lui demande :

— Où as-tu trouvé des champignons hallucinogènes ?

Dans un moment de lucidité, il nous montre le site sur lequel il les a commandés.

Le Shayana Shop « promet des voyages inoubliables, un voyage magnifique grâce à ces champignons connus des peuples de l'Amérique centrale depuis 2 000 ans. Les Aztèques les appelaient « chair des dieux ». La magie durera quatre ou six heures, mais il faut les manger l'estomac vide pour de meilleurs effets ». Dans la rubrique *Attention* : « Ne pas utiliser avant 18 ans. Si vous êtes enceinte et si vous allaitez, consultez votre médecin. »

Un conseil tout à fait avisé.

Mais plus intrigant : « Nous n'envoyons pas en Australie, au Brésil, en Suède, en Suisse, en Turquie, aux États-Unis. »La France n'est pas mentionnée. Alors nous, ce n'est pas interdit ?

Soudain, le médecin demande :

— Monsieur Arthur S.

C'est une voix féminine. On attend. Puis c'est à mon tour. Une jeune femme, sympathique, me donne un premier diagnostic.

— Votre fils est en BDA.

— Ah ! C'est quoi ?

— Bouffée délirante aiguë après une prise de diverses substances… Il faut l'hospitaliser et signer un internement de force car il est majeur.

Son père signe.

Arthur a faim. On le place dans une petite cellule avec un lit sans drap qui grince et recouvert de plastique. Un néon pathétique ajoute une touche jaunâtre qui donne un moral d'acier. Il tient des propos incohérents :

— Je fais l'acteur. Je joue avec vous… Tu ne m'aimes plus hein ?

— Si Arthur, je t'aime et t'aimerai toujours.

Il sait que je lui suis acquise, mais il me teste.

— Tu crois que je préfère papa ?

Je ne réponds pas. Je refuse d'entrer dans son monde. Le manipulateur fait son apparition. Ce jour-là, je fais connaissance avec son monstre intérieur. Son dévoreur. Sa part aussi sombre que la nuit. Je ne l'avais jamais vue, ni entrevue. Elle n'existait pas. Ou alors je n'avais jamais voulu la voir.

On lui apporte à manger. J'ai l'estomac qui tricote, mais lui mange un drôle de poisson et du riz collé. Tout doucement. Tranquillement. Il marque un temps d'arrêt et me fixe avec un air que je ne lui connais pas. Défi ? Folie ? Joue-t-il ? Est-il fou ?

Puis l'infirmier lui apporte un verre d'eau avec un cachet, sans doute un calmant. Quelques instants plus tard, il pique du nez dans les restes de son poisson carré.

— On m'a drogué ?

Pas plus que ce que tu ne l'as fait toi-même, ai-je envie de lui répondre, mais je m'abstiens. Il s'allonge sur le lit. S'endort et sombre. Avant de partir, nous déposons un baiser sur son front. Il fait nuit. Il est dans sa nuit. Nous dans la nôtre. Je ne sais pas si c'est le plus dur qui commence, ou le pire qui s'achève…

Il faut aller travailler. J'ai une émission à 18 heures et je ne sais pas comment je vais y arriver. Mon cerveau est un immense terrain vague. J'appelle l'hôpital pour prendre des nouvelles d'Arthur. Il a été transféré dans un service fermé. Je demande à parler au médecin. Il a le timbre clair, la voix nette. Le discours est technique. Pudiquement, il me dit :

— Arthur est très désorganisé.

En médecine psychiatrique, le mot fou est proscrit alors qu'il me brûle les lèvres.

— Arthur doit redescendre de sa bouffée délirante et, par conséquent, on lui prescrit des anxiolytiques à faible dose pour calmer la crise, petit à petit. On ne va pas charger la barque médicamenteuse ne sachant pas ce qu'il a réellement ingurgité ces derniers jours.

D'ailleurs ça ne les intéresse pas.

Je pose mille questions, mais ne reçois aucune explication rationnelle qui me permette de comprendre ce coup de folie. Le mystère est entier.

Vol au-dessus d'un nid de coucou

Un rendez-vous est fixé pour le lendemain. Je suis rassurée par le médecin qui est plutôt sympathique. Je retourne à la télé préparer mon émission. Je relève la tête et surjoue une bonne humeur. Je me mets au travail. L'actualité politique dont je suis responsable me paraît bien futile et dérisoire, mais je m'accroche au dérisoire. Mon fils se débat avec sa folie dans une chambre fermée à double tour, surveillé vingt-quatre heures sur vingt-quatre, et moi je parle « primaire socialiste », bisbilles politiques, petites batailles de bac à sable pour un strapontin. Le théâtre politique m'ennuie souvent. Aujourd'hui, curieusement, il me distrait et je me prête au jeu.

Arrivée à la maison, je suis abattue. François me soutient, mais je suis anéantie. J'appelle ma fille Camille.

— Comment va Arthur ?

— Pas bien. Il s'est drogué avec plein de trucs. Des champignons hallucinogènes. On dirait qu'il est devenu fou. Demain nous avons rendez-vous avec le médecin avec ton père. Tu veux venir avec nous ?

— Oui, bien sûr, je viendrai.

Elle a bientôt 27 ans et je veux l'associer au rendez-vous.

Je file dans mon bain, me couche et finis par m'endormir à 1 heure du matin, des moucherons plein la tête.

Le lendemain, mon corps entier n'est que douleur. Je suis une sorte de *mater dolorosa.*

La nuit m'a plongée dans une obscurité sûre. Je regrette presque cette nuit qui m'a enveloppée d'inconscience. Quand la douleur s'efface, se rapetisse et que le réveil la ravive. Je force mes yeux et mon esprit à se rendormir. Je lutte, mais la lumière appelle. La vie appelle.

Ma première pensée va vers Arthur. Je pars travailler et retrouve Camille pour le déjeuner. Ensemble, nous tentons de trouver un sens à ce cauchemar. Que faire d'autre que de touiller, malaxer, tripoter les vieilles histoires et la névrose familiale ?

— Je ne comprends pas ce qui lui a pris, dis-je… Prendre des champignons hallucinogènes… Mais quelle idée saugrenue.

— Arthur a quelque chose en lui de sombre, dit Camille, depuis longtemps… C'est vrai qu'il a souffert du divorce, de la dispute avec papa. Mais de là à se détruire comme ça, je ne comprends pas. Il ne veut pas grandir.

Nous parlons du divorce qui sans doute a laissé une blessure béante chez lui. Arthur avait 6 ans, Camille cinq de plus.

— Moi aussi j'ai souffert de votre divorce, mais je ne me suis pas droguée pour autant !

— Tout le monde a morflé dans cette histoire. Rappelle-toi… Huit ans après le divorce, ton père avait voulu récupérer, sans qu'on comprenne pourquoi, la garde d'Arthur alors qu'il avait 14 ans. Tu avais écrit une lettre au juge pour dire que je n'avais pas le temps de m'occuper de lui. Mais ton frère n'a pas voulu aller vivre avec papa. Ça a été dur pour lui de faire ce choix. On ne devrait pas demander à des enfants de choisir. Pour moi aussi. Je me suis sentie trahie.

Elle baisse les yeux.

— Oui, je sais.

Je sens qu'elle ne veut pas aller plus loin dans la discussion.

Nous arrivons en avance et nous tâtonnons pour trouver le pavillon où il est interné. L'hôpital Sainte-Anne est vaste comme un village avec des noms de rues. Nous passons rue Camille-Claudel. Le pavillon où est enfermé Arthur ne dit rien de bon : rue Joseph-Kafka. Je me demande si les concepteurs étaient cyniques ou bien voulaient rendre hommage à leurs illustres visiteurs. Kafka, Claudel. Rien de très engageant. Elle a sombré dans la folie et a été internée en 1913. L'autre décrit, dans *La Métamorphose*, un homme qui se réveille un matin transformé en monstrueux insecte, une vermine. Une nouvelle effrayante et absurde, comme ma vie en cet instant.

Pour entrer, il faut sonner et s'annoncer. Les portes sont verrouillées. Nous sommes accueillies par un personnel chaleureux comme si, dans le fond, ils travaillaient à l'accueil d'un grand hôtel. Un infirmier très loquace nous sourit. Il est, semble-t-il, sur le départ.

— Vous êtes la maman d'Arthur ?

— Oui, je suis avec ma fille, la sœur d'Arthur… Vous l'avez vu aujourd'hui ?

— Oui, il est très agité. Nous espérons qu'il va réussir à dormir cette nuit. Car il ne dort plus.

Puis l'homme sympathique décampe.

C'est la première fois que nous entrons dans un hôpital psychiatrique. On nous fait patienter dans le couloir attenant au bureau du médecin. Les malades déambulent. Ils vont au bout du couloir et reviennent sur leurs pas. Leur âme semble perdue. Ils ressemblent à des êtres désincarnés. De longues silhouettes maigres et tordues passent devant nous comme des fantômes transparents. D'autres nous sourient béatement. Une jeune femme s'approche. Elle me fixe, s'avance, se plante nez à nez et lance un : « Bonjour » halluciné. Je réponds et déclenche un fou rire nerveux chez Camille. Mon expression l'a amusée. Je ne sais pas pourquoi, mais elle s'esclaffe… Seul antidote à cette tragédie. Je l'accompagne dans un rire un peu forcé.

Un type édenté, avec un bonnet en laine, me parle. Je ne comprends rien à ce qu'il me raconte, car il n'a plus beaucoup de dents. Il divague. Le mieux est que l'on sorte. J'allume une cigarette dehors en attendant l'heure du rendez-vous.

Le médecin est un grand garçon, d'allure sportive, baraqué. Il porte un sweat d'une couleur framboise écrasée. Je suis frappée par sa jeunesse, son visage rond et rose, presque poupin. On aurait envie de lui offrir une barbe à papa. Le père, qui nous a rejointes, Camille et moi sommes assis en rang d'oignons. Une infirmière assiste à l'entretien. Une interne studieuse prend des notes. Elle est appliquée.

Nous racontons ce que nous savons. Les champignons, son *road trip* raconté par les policiers, tout nu dans les rues de Paris, la police, ses vêtements déchirés.

Le médecin lui-même tâtonne. Nos questions restent sans réponses. Il ne sait rien :

— C'est trop tôt. Arthur a besoin de dormir et la prise d'anxiolytiques l'aidera à calmer ses fortes angoisses.

Il ne dort plus depuis des nuits. Nous repartons avec nos questions demeurées sans réponses.

Je raccompagne Camille qui vient d'emménager dans un petit appartement du quartier Saint-Lazare. Je repars vers 18 heures.

Dans ma voiture, je ne mets pas la radio : pas d'infos, pas de musique, je suis trop préoccupée. L'inquiétude et le chagrin prennent tout l'espace. Mon portable sonne. C'est le numéro de l'hôpital. Je décroche à la vitesse de la lumière. Le médecin que je viens de quitter m'informe qu'Arthur vient de faire une nouvelle crise. Il s'est frappé la tête contre les murs. Ils ont été dans l'obligation de l'attacher sur son lit avec des sangles.

— Je voulais vous prévenir. C'est mieux qu'il soit attaché. Je sais que c'est violent pour vous, mais sinon il peut se faire du mal.

Au volant, je passe au rouge, freine au vert, provoquant un récital de klaxons. Tout me semble être à l'envers. Mes deux mains tremblent. L'une sur le téléphone. L'autre sur le volant. Il me rassure et me promet de me donner des nouvelles.

Arrivée à la maison, je ne peux pas dîner, je n'ai pas faim. Je me couche. Je mets mon visage dans les poils doux et soyeux de Fersen tout contre moi… Chanceux chien qui échappe aux malheurs des humains.

Continuer

Une longue journée m'attend. Deux émissions, l'une le matin, l'autre l'après-midi. Je suis déconcentrée, mais je mobilise mon esprit torturé. À quinze minutes de l'antenne, l'assistante sociale m'appelle et me demande le nom de ma mutuelle et mon numéro d'adhérent. Je remonte en vitesse à mon bureau chercher le papier. Je redescends, m'assois au plateau, essoufflée. Pendant que les techniciens règlent la lumière, je suis au téléphone, épelant mon numéro d'adhérent. Les invités se demandent ce que je fabrique. La lumière rouge s'allume : *On Air.* Je raccroche et commence mon interview. Je dois continuer. Continuer à vivre et à travailler.

Après l'émission, je rentre chez moi. Je rappelle l'hôpital. Arthur est toujours « désorganisé ». Son père m'appelle, il l'a eu au téléphone. Arthur a réussi à emprunter un portable à un patient. Il me dit qu'il délire, mais arrive à caser :

— À part ça, je crois qu'il t'en veut.

Je suis étonnée de recevoir en pleine figure, dans un tel moment, cette curieuse réflexion. Comme si Pierre voulait en cet instant se dédouaner d'une quelconque responsabilité.

Il me tend sa culpabilité. Il espère que j'accepterai de la porter comme un fardeau.

Les liens étaient distendus entre eux deux. Ils ne se voyaient quasiment plus depuis une vive dispute où ils en étaient venus aux mains. Pierre avait accepté de laisser son appartement à Arthur pour y fêter son anniversaire, puis s'était rétracté sans en donner la raison.

Camille vivait chez son père, mais très vite elle partit vivre en colocation avec sa cousine. Arthur a toujours vécu avec moi depuis le divorce. Je manquais d'autorité. Il réussissait toujours à me faire céder pour plus d'argent de poche, de sorties. J'avais du mal à lui dire non, j'avais du mal à serrer la vis.

Quelques années auparavant, Pierre avait voulu récupérer Arthur sans que j'en comprenne la raison et avait saisi le juge aux affaires familiales. « Je ne veux pas aller vivre chez papa », avait écrit Arthur au juge tandis que Camille expliquait dans une autre lettre que je ne rentrais pas assez tôt le soir.

La très jeune magistrate était perdue entre la lettre du fils et celle de la fille qui ne disaient pas la même chose. Dans le doute, elle avait décidé une sorte de « jugement de Salomon » : « La fille, qui est majeure, sera sous la responsabilité financière du père. Le fils sera à la charge de la mère. »

Cette décision provoqua des dégâts indélébiles, irréparables, dans ce qu'il restait de cette famille. Camille appartenait à son père. Arthur à sa mère. Si bien qu'à chaque fois que j'avais besoin de Pierre à propos d'Arthur, il me répondait que la juge m'en avait confié la responsabilité et que je devais me débrouiller.

Des chaussons de milord

Un matin, alors que je prends mon café en écoutant les infos, le numéro de l'hôpital s'affiche. Le cœur sursautant, je réponds, haletante :

— Bonjour, c'est l'hôpital Sainte-Anne… Arthur réclame son casque de musique. Il faudrait que vous lui apportiez quelques affaires. Des chaussons, des pull-overs et un manteau pour qu'il puisse sortir dans le jardin.

Je suis soulagée. Lorsqu'Arthur exige, c'est qu'il va déjà un peu mieux.

Je passe chez lui. Tout est encore figé dans la saleté. Je cherche son chargeur et fouille dans la montagne d'habits pour quelques affaires propres.

Je m'arrête au *Palais de la chaussure* pour lui acheter des chaussons. Tous très moches. La vendeuse me propose des savates de milord anglais en cuir noir. Et pourquoi pas un peignoir en léopard ? Je lui dis que c'est pour un jeune homme. Elle fait mine de comprendre, cavale et me propose cette fois des charentaises bariolées. Je lui rétorque, agacée :

— Vous n'avez pas moins « rustique » ?

La dame, vexée, repart les lèvres pincées. Impatiente, je lui demande de me rapporter tous les modèles en 41. Elle revient avec trois paires dont l'une fait l'affaire.

Je fais un stop chez un chocolatier et achète un gros œuf de Pâques pour Arthur et la plus grande boîte de chocolats pour le personnel. Au fond, sans doute, je veux qu'ils prennent bien soin de lui. Mais certainement est-ce une manière de remercier leur dévouement hors du commun. Faire le choix de s'occuper de la folie me semble extraordinaire. Après la mort, la folie est ce qui effraie le plus les êtres humains.

Chargée de paquets comme le Père Noël, j'arrive chez Kafka. Je respire un grand coup avant d'entrer. L'accueil n'est plus le même. Je ne reconnais pas le personnel, l'équipe a changé. Je déballe mes paquets au poste infirmier, pour la fouille classique. Tout est inspecté, trié. Les slips, les chaussettes, le casque, les chocolats. Je tends la boîte de chocolats à l'infirmière qui, d'un air désabusé, ne me remercie pas et pose la boîte derrière elle. Je me sens idiote, presque humiliée.

Je demande à voir le médecin. On me répond qu'il n'est pas là le vendredi. Je prononce le nom du deuxième médecin que je ne connaissais pas, mais dont le nom était inscrit à la porte du pavillon. Un homme jeune, brun, petit, pull-over breton bleu marine – car les jeunes médecins ne portent plus de blouses blanches, enfin c'est ce qu'il me semble – se retourne et me lance d'un ton sec :

— C'est moi.

— Je suis la maman d'Arthur, dis-je d'une voix écrasée.

— Il faut prendre rendez-vous, Madame, me répond-il d'un ton cassant.

Il détourne le regard. Je ravale ma salive, remballe mon sac, prête à m'en aller. Les larmes affleurent et, soudain, je vois entrer une silhouette efflanquée que je ne reconnais pas instantanément. Un long corps maigre flottant dans un pyjama en papier bleu ciel, la tête rentrée dans les épaules, le dos voûté comme un vieillard. C'est lui. Il s'avance vers moi. Je le serre dans mes bras. Je sens son squelette, ses os saillants. Il répond par une onomatopée, la voix est pâteuse, comme s'il avait trois malabars dans la bouche. Au coin des lèvres, de la salive séchée. La lueur ardente dans ses yeux, cette lumière, s'est évanouie. Disparue. Je la cherche, mais je ne trouve rien, excepté le néant. Il comprend tout de même que son casque est arrivé. Il se jette dessus. Il s'en fout de l'œuf de Pâques. Je lui montre les chaussons :

— Je t'ai acheté des chaussons. (J'use du vocabulaire jeune.) Ils sont pas très stylés ?

— Ah ouais, *cool* !

Il en prend un, le met et s'en va. Je lui dis :

— Mais prends l'autre… !

Il repart le dos courbé. Je ne l'intéresse pas, je n'existe pas.

Pourtant, je ne veux pas partir et, en même temps, j'ai envie de fuir à jamais, fuir cet endroit maudit. Je demande à voir l'assistante sociale pour lui donner ma carte de mutuelle qu'elle me réclame depuis quelques jours. Elle arrive et m'invite à la suivre dans son bureau. Nous traversons le couloir, après avoir croisé des âmes à la dérive. Nous arrivons dans l'ascenseur et je fonds en larmes. Prise de spasmes, je hoquette. Gênée, mais compréhensive, elle me met la main dans le dos comme pour soutenir mon fragile édifice.

Une fois les papiers terminés, je sors de son bureau. Arrivée au rez-de-chaussée, je croise à nouveau Arthur qui erre sans repos :

— T'as du feu s'te plaît ?

Il embarque mon briquet, tourne les talons, met son casque sur ses oreilles et s'en va fumer. Je sors de l'hôpital, anéantie.

Je quitte la rue Joseph-Kafka. La folie s'éloigne, mais j'ai le sentiment absurde qu'elle me suit, me colle et m'imprègne de toute sa poisse. Je crois que je marche de travers, comme un crabe, saoule de chagrin et de détresse. Le monde autour de moi me paraît semblable à un décor de cinéma. Dans la rue, je croise des gens qui se parlent à eux-mêmes, à haute voix. Comme si la ville était peuplée d'ombres insolites. Je crois voir des fous partout. Suis-je à mon tour en train de devenir zinzin ? La voiture est mon sanctuaire. Elle semble conduire toute seule et me ramène chez moi. François me force à manger comme une enfant. Il me demande :

— Tu as vu Arthur ?

— Oui, c'était effrayant… Je ne le reconnais pas.

— Mais que disent les médecins… Qu'est-ce qu'il a ?

— Ils ne savent pas… À part qu'il a fait une bouffée délirante après avoir mangé des champignons hallucinogènes et pris d'autres drogues.

Il insiste :

— Oui, d'accord, mais c'est quoi le diagnostic ?

— Je n'en sais rien.

— Mais ils devraient savoir.

— Écoute, je ne suis pas psychiatre, je n'en sais rien ! Pour l'instant, ils ne savent pas.

Je pars me coucher, abattue. Je le laisse avec ses questions auxquelles, moi non plus, je n'ai aucune réponse. Je ne trouve pas le sommeil, harnachée à l'anxiété.

La farandole des fous

Je continue mes émissions, à chroniquer à la télé tout ce qui me paraît, en ces instants, futile. Mais le futile est mon radeau. J'y flotte comme une naufragée. Je surnage, je survis. Je chronique les querelles byzantines, les guerres intestines dans les partis politiques. Dans la loge de maquillage, je fais bonne figure, mais parfois les larmes s'échappent, mes yeux plus forts que moi les ravalent. Je vis un drame qu'il faut taire. Tenir. Ne pas sombrer. Ne donner aucun signe de faiblesse qui pourrait faire vaciller mon petit théâtre d'illusions. Je me fais violence pour ne pas m'effondrer. Je passe dans le bureau de la directrice adjointe de la rédaction.

Lorsque nous avons toutes les deux débarqué sur la chaîne, il y a plus d'une dizaine d'années, nous nous sommes très vite liées d'amitié. Anna est une jolie femme de dix ans ma cadette. Ses yeux bleus peuvent parfois prendre la couleur de l'acier, mais se radoucir et se faire tendres et rieurs si on la connaît bien. Ce jour-là, je m'effondre dans son bureau. Je lui raconte mon drame. Bondissant de sa chaise, elle m'entoure de ses bras, me serre fort. Je sanglote dans son écharpe en respirant son parfum qui m'est familier. À ce moment, je ne m'inquiète plus du spectacle que je donne dans son bureau aux baies vitrées. Tout le monde peut nous voir enlacées. Je pleure sur l'épaule de mon amie tout comme elle avait pleuré sur la mienne quelques années auparavant. Partie en reportage à l'étranger, elle avait appris la mort de son mari d'une crise cardiaque. Il avait à peine 40 ans. J'étais allée la chercher à l'aéroport. En versant mes larmes, je me remémorais sa propre douleur. Je ne sais pas combien de temps nous sommes restées ainsi, serrées l'une contre l'autre, à enlacer le passé et le présent. Une fois mes larmes épuisées, elle met ses mains sur mes épaules, tend les bras et me regarde droit dans les yeux :

— Tu vas y arriver… Tu es une guerrière, tu es forte… Ne te laisse pas abattre. On en a traversé des choses toutes les deux. Tiens le coup ! Serre les fesses…, me dit-elle en riant, pour dédramatiser.

Elle m'assure que je pourrai compter sur elle et le reste de la direction. Parole est tenue. J'ai toujours pu m'absenter quand la situation l'obligeait et compter sur leur compassion. Les jours suivants, les rédacteurs en chef, les maquilleuses me demandent comment va mon fils ? Ils perçoivent le drame qui m'atteint.

À Sainte-Anne, les médecins ne disent toujours rien, ils sont injoignables, occupés, débordés. Ils ne savent rien. Augmentent la dose médicamenteuse chaque jour un peu plus, car la bouffée délirante perd en intensité. L'accalmie finit par arriver.

Tous les jours, à l'heure du déjeuner, je fais un passage éclair chez Kafka. Arthur maigrit à vue d'œil. Il ressemble à une brindille, cassable, friable. Son instabilité est aggravée par ses changements de chambre quasi quotidiens. Il faut faire de la place, entasser les patients, seuls ou à deux en fonction de leur état. Il se retrouve avec des colocataires qui ronflent, sentent des pieds, la transpiration, sans compter les gaz d'échappement. Il réclame des bouchons d'oreilles et de l'eau de Cologne. Je m'exécute, tyrannisée, enchaînée à ses moindres désirs pour que son calvaire soit plus doux à supporter.

Je regarde sa chambre aux vitres opaques de saleté et cherche un coin où distinguer la vue, car j'entends siffloter quelques oiseaux. Les robinets fuient et gouttent. Le métal du lit s'est écaillé avec le temps. Les draps blancs, rêches sentent l'eau de Javel et la couverture de réfugié est raide de saleté. On rêverait bien d'une petite lumière tamisée, mais le néon impose sa crudité. La crasse est incrustée dans chaque recoin. Les femmes de ménage frottent mollement, comme si elles avaient compris l'inefficacité de leur besogne. À chaque visite, je ne peux m'empêcher de penser à toutes ces âmes errantes qui ont laissé leur empreinte. Que sont-elles devenues ?

Au fil des jours, Arthur reprend contact avec le monde réel. On lui rend son portable, il renoue avec une forme de conscience. Mais la phase dépressive débarque avec son torrent de larmes. Secoué de spasmes qui défigurent son visage encore enfantin, dans mes bras impuissants, il sanglote.

— Pardon maman, je ne sais pas pourquoi j'ai fait ça… Je te fais du mal.

À pas de loups, j'essaie de donner un sens à sa descente aux enfers et je commence à lui poser des questions.

— Ça te fait quoi les champignons… Enfin, je veux dire, qu'as-tu ressenti ? lui demandé-je prudemment.

— Ben, tu n'es plus dans le monde réel. J'avais la sensation de voyager. J'étais bien. J'étais léger. J'avais l'impression que tout fût possible. On a envie de danser, c'est pour ça qu'en concert je prenais des champis. Je me défonçais. Mais d'autres fois, c'était horrible. J'étais dans un cauchemar… Comme si j'étais en enfer. Mais un cauchemar réel ! Et j'ai eu des visions. Sous champis, ça peut être génial comme atroce… Mais on a quand même envie de recommencer.

J'ai envie de continuer mon interrogatoire. Mais je sens que son récit l'angoisse. Je me tais. Une autre fois.

Je lui avais apporté de la lavande, pour lui masser les pieds. Lorsque les enfants étaient stressés, avant des examens, ils me réclamaient un massage.

Il ne veut pas que je parte. Pourtant, la minute d'après :

— Tu peux t'en aller, je suis fatigué.

Mais c'est une fatigue qui ne trouve aucun repos. Il veut que je m'en aille pour aller fumer. Pour combler le manque de drogues, il demande des Gitane sans filtres. Ses jolies dents blanches noircissent.

Je découvre, les jours suivants, l'écosystème d'un service psychiatrique « fermé », pour ne pas dire carcéral. Ici, les malades ne possèdent rien ou si peu, alors on fait du troc. Arthur s'adonne au trafic de bagues. Des bagues en forme de serpent, de tête de mort, serties de pierres non précieuses. On se refile n'importe quoi, le peu que l'on a. Tout est bon à échanger… Des habits aussi. Je lui avais donné mon écharpe en cachemire qu'il voulait, sous prétexte d'avoir quelque chose à moi comme un doudou. Je la retrouve au cou d'une fille qui a des bas qui plissent. Elle divague, rigole d'un rire pointu, s'arrête et repart dans son monde soudainement mutique. J'ai envie de lui arracher mon écharpe.

Arthur me dit :

— Je l'ai troquée contre une bague.

C'est vrai ! Je regarde ses mains, elles sont couvertes de babioles avec des têtes de mort.

Ici, il rencontre de bien funestes personnages dont un homme à l'âge incertain, qu'Arthur surnomme « le Gros Didier ». Il est édenté, les cheveux longs, gris et fins, la propreté l'a abandonné depuis longtemps. Il ressemble à un personnage médiéval. Il porte un bonnet en laine grise qui va de travers avec un pompon élimé en guise d'entonnoir, qui dégringole sur le côté comme dans un tableau de Jérôme Bosch. Didier souffre de logorrhée, un bavardage intarissable et, dans son cas, c'est pathologique. Mais le Gros Didier est un artiste. Il peint. Ses toiles sont très particulières, très enfantines. Le personnage peut paraître sympathique au premier abord.

Il jette son dévolu sur la brindille. Arthur est dans une telle détresse qu'il est ouvert à tous les vents. Les vents mauvais en général. Il est une comme une fissure béante où s'infiltre le mal.

Alors que je lui rends visite, je remarque une toile du Gros Didier dans sa chambre.

— Pourquoi tu as cette peinture dans ta chambre ?

— C'est le Gros Didier qui me l'a donnée. Enfin je l'ai troquée contre des cigarettes, car il n'a pas d'argent pour s'en acheter.

Mais l'homme au bonnet devient envahissant. Il lui demande sans cesse de l'argent ou des cigarettes sous le prétexte de lui avoir offert une toile de maître. La nuit, le Gros Didier entre dans sa chambre et le regarde dormir. Une nuit, Arthur se réveille. Devant lui, il sent une ombre, une présence. Il allume. Le visage du Gros Didier. Effrayé, il hurle et lui intime l'ordre de sortir de sa chambre, le cœur battant. Les infirmiers doivent calmer Arthur pour qu'il puisse se rendormir.

— Maman, le Gros Didier me fait peur, se plaint-il, comme le petit enfant qu'il semble être redevenu.

Je commence à m'inquiéter et demande aux infirmiers de veiller à ce que cet homme lâche son emprise sur mon fils. Ils reconnaissent que les problèmes entre patients sont fréquents et qu'ils essaient de s'interposer le plus souvent possible.

Ici, c'est un peu le *Loft des dingos*, le troc, la drogue qui circule, les magouilles en tout genre… C'est un invariant de la vie en service psychiatrique. Un système dans le système que les soignants tentent de contrôler sans grand succès. « Nous ne sommes pas des flics », répondent-ils un jour à Arthur qui se plaint de voir circuler de la came. Car, curieusement, il devient soudain antidrogue. Il ne veut pas la voir. Qu'elle ne vienne surtout pas le chatouiller. On dirait un chasseur de vampires avec des gousses d'ail.

Certains faux patients se font interner volontairement pour pouvoir vendre de la drogue aux malades en manque et faire leur trafic. Ils disent aux médecins qu'ils entendent des voix, prennent l'air un peu fou et se font hospitaliser sur-le-champ. On leur attribue une chambre, ils avalent des neuroleptiques et le tour est joué. Lors de chaque hospitalisation dans un service fermé, il y a ce qu'on appelle « l'inventaire » : le malade est fouillé, mais parfois il passe entre les gouttes. En général, ils entrent sans drogue sur eux, mais quelques jours plus tard ils reçoivent de la visite et c'est ainsi que l'approvisionnement a lieu. Shit, cannabis, cocaïne, MDMA, amphet, ecstasy, somnifères et neuroleptiques qui défoncent. À ceux qui peuvent acheter, ils vendent, surtout aux gosses de riches. Aux autres, qui n'ont pas de quoi payer, ils troquent. Parfois les femmes ou les jeunes filles, elles, paient en nature.

Sainte-Anne est une version moderne de la cour des miracles. Des gosses de riches côtoient ceux des cités parisiennes, ou des clochards, des alcooliques en rechute, des suicidaires et de pauvres âmes que la vie a trop bousculées. Ceux qui ne savent pas où aller, qui sont seuls sans personne pour prendre soin d'eux. Ceux qui « pètent les plombs » à cause de la drogue.

J'y ai croisé un comédien connu. Plus âgé qu'Arthur. Passionné de musique techno. Il se shootait avec de l'anesthésiant pour chevaux, la kétamine. Elle procure des effets hallucinogènes et des visions. Ce produit est proche du LSD. Il attire les drogués et les amateurs de sensations comme des mouches sur les naseaux d'un canasson.

Beaucoup de jeunes sont là comme Arthur. Les drogues de synthèse, le shit, le cannabis, la cocaïne ont déclenché des pathologies type bipolarité ou schizophrénie et autres psychoses. Les voir m'arrache le cœur. Il m'aura fallu quelques semaines pour m'acclimater à un monde qui m'était inconnu, la « dinguerie ». Avec le temps, la compassion et l'humilité s'imposent, car mon enfant défile avec eux dans cette triste nef. Au tout début, je détestais ces êtres « possédés » par la maladie mentale. L'un a voulu un jour m'emprunter mon portable. J'ai refusé car j'étais effrayée. « Je vais t'étrangler », a-t-il hurlé.

Après tout, au point où j'en suis.

Une vieille femme me crache dessus parce que je passe devant elle et que j'ai la mauvaise idée de croiser son regard. Je serre les poings. Un infirmier accourt, et emmène la sorcière sale et hirsute. J'ai appris avec le temps à supporter cette angoisse et cet inconfort face à la folie. Tout jugement disparaît et l'humour même parfois me porte au-dessus.

Remontée à la surface

Arthur sort petit à petit de son brouillard givrant. Il fume sans répit, tire sur ses cigarettes jusqu'à en tousser. Chaque jour il fait le tour du tout petit jardin coquet dans l'enceinte de sa prison, seule tache de couleur dans ce monde cruel. Il cueille des pensées violettes qu'il m'offre à mon arrivée, mais les fleurs font déjà la gueule, comme moi, qui m'efforce de sourire.

Les rendez-vous avec les médecins ne donnent toujours rien.

— Mais avez-vous posé un diagnostic ?

— Non, c'est encore trop tôt… Il faut encore du temps. Ce sera long.

Je comprends très vite que la psychiatrie est encore un territoire bien mystérieux, même pour ceux qui l'exercent. Quoi qu'en disent les grands pontes perchés sur leurs certitudes, on y navigue comme dans la mer des Sargasses. Bien sûr, les médicaments apportent un barrage contre les crises psychotiques, ils éteignent l'intensité du mal, le contiennent, le domptent comme un fauve furieux et non maîtrisable, mais guérissent-ils ? Un jour où je m'en ouvre à un professeur en psychiatrie, il me mouche :

— Essayez la tisane !

Arthur est mon petit ogre qui grignote chaque particule de mon corps. Il dévore ma fragile tranquillité. Un appel à 2 heures du matin m'indique que la nuit n'est même plus un sanctuaire. Le médecin de garde me prévient que la brindille a une fièvre inexpliquée, montée à 41 °C. Il est transféré aux urgences de Cochin. Depuis, je vis comme l'inspecteur Harry. Ce n'est pas un flingue que je glisse sous mon oreiller, mais mon portable. Il est toujours sur moi, dans mon peignoir, sur le rebord du lavabo quand je me sèche les cheveux, à côté de mon assiette ou de mon café, dans mes mains quand je vais aux toilettes.

Dans l'ambulance, Arthur m'appelle quelques minutes plus tard avec le portable de l'infirmier qui l'emmène. Il me dit d'un ton badin qu'il a beaucoup de fièvre, mais que ça va et qu'ils discutent musique avec l'infirmier.

— Mais tu te sens comment ? lui demandé-je, la voix pâteuse de sommeil.

— Ben… je ne me sens pas si mal que ça. Mais ils s'inquiètent. Je te rappellerai pour te dire.

Puis il raccroche.

Impossible de me rendormir. J'attends. Deux heures plus tard, c'est à nouveau Arthur. Il retourne à Sainte-Anne sans que l'on ait pu expliquer cette fièvre qui passera comme elle est venue. Sans doute une réaction aux neuroleptiques, pensent les médecins.

Plus rien ne sert de chercher à me rendormir. Je repense à sa naissance.

L'accouchement difficile est le signe que l'affaire ne sera pas évidente avec mon deuxième du nom.

Des contractions, mais pas d'ouverture du col. Peinard dans mon ventre, il n'avait pas envie d'en sortir. Il fallait provoquer l'expulsion. C'était le moment. La vie et moi poussions, mais lui retenait : il voulait rester retranché dans le liquide velouté.

Dix-sept heures au bout desquelles, exténuée, je découvris sa tête. Heureuse de voir ce petit être vagissant que sa sœur Camille regardait avec autant de fascination que d'inquiétude. Se pourrait-il qu'elle soit détrônée ?

Nous voici donc quatre. J'allaitais, je jouais au piano le même morceau que j'avais mis neuf mois à apprendre avec un professeur. Je finis par ne plus l'écorcher. Ma grossesse était paisible, avec Mozart et la broderie. C'était une manie : enceinte, je brode. J'attends, donc je brode. Mon congé maternité était tout aussi tranquille. Je me transformais en vache laitière. J'aimais cet état de ouate et de douceur maternelle. J'enveloppais et je fusionnais.

Mais à 2 mois et demi, le nourrisson eut une forte fièvre. La pédiatre s'inquiéta et préféra l'envoyer à l'hôpital Robert-Debré. Ce petit corps fut ausculté, trituré dans tous les sens, perfusé par des antibiotiques qui n'agissaient pas. On ajouta un spectre plus large qui finit par agir. Mais, entre-temps, il avait subi une ponction lombaire que l'infirmière rata, l'obligeant à s'y reprendre une seconde fois. Ce qui m'affola.

Chaque matin, à 7 heures, je partais pour l'hôpital. Je restais à ses côtés. Ce petit corps perfusé de toutes parts. Je craignais pour sa vie.

Un matin, alors qu'apparaissait un soleil rouge moucheté d'orange et de gris, signe que la nuit touchait à sa fin, le long couloir s'irisa d'une couleur étrange. Soudain, je vis passer une ombre. Une infirmière, qui portait sur l'épaule une toise, marchait d'un pas nonchalant. Que faisait-elle à une heure si matinale avec une toise sur l'épaule ? Qu'importe, l'image s'ancra dans mon esprit agité, m'effraya : je crus voir passer une faux. Mon cœur s'emballa, je craignais un symbole funeste.

Depuis cette vision, la peur s'était immiscée en moi, le lierre avait commencé à pousser.

Le bébé rentra à la maison au bout de trois semaines. Il prospéra. Devint un gros bébé joufflu posé entre des coussins. On le surnomma « Haroun el Poussah », le calife de Bagdad.

Haroun el Poussah grandissait, s'épanouissait et nous faisait souvent rire avec quelques pitreries qui lui valaient l'autre surnom de « Zozo ». Camille, avec la sagesse de l'aînée, cédait souvent au plaisir capricieux du plus petit. Parfois ils se chamaillaient, mais elle capitulait. Elle se sacrifiait pour le dernier Kinder ou la Danette au chocolat. Camille avait 12 ans. C'était une élève appliquée. Sérieuse. Elle recevait souvent des appels à la maison d'un certain Angenor, un garçon de sa classe. Il était ennuyeux à mourir et pas très sexy. Quand Arthur répondait, il hurlait dans le long couloir qui menait à sa chambre :

— Camille… c'est Angenor au téléphone !

Elle arrivait furieuse :

— J'avais dit de dire que je n'étais pas là… T'es chiant…

Elle prenait le téléphone, agacée, avec une grimace qui nous amusait. Quand il appelait, nous nous précipitions tous autour d'elle pour observer son calvaire téléphonique en ricanant.

Chez Kafka

À l'hôpital, comme chaque jour, de nouvelles fournées arrivent. Parmi elles, le diable débarque, habillé en Quechua. Une sacoche de chez Decathlon qui dégringole autour d'une bedaine proéminente pour un si jeune garçon. Un tee-shirt kaki bariolé, tacheté, façon militaire, un bas de survêtement marron, le cheveu noir et plaqué, gominé ou gras, un regard où se mêlent tour à tour douceur et fourberie. Le gros garçon diffuse un calme inquiétant. Il semble gentil, mais un léger sourire qui plane constamment sur ses lèvres m'intrigue et m'effraie. Après l'emprise du Gros Didier, celle d'Adrien le colonise comme un alien. Évidemment, c'est vers lui qu'il est attiré. J'aperçois sa mère en visite. Une femme élégante, maquillée, classique, bourgeoise. Elle se tient droite comme une règle. Elle tranche avec la population locale. Nos regards se croisent. Mais je la sens moins bouleversée que moi, presque résignée, impénétrable, distanciée. Je ne sais pas encore que nos drames se mêleront, encore moins que je la croiserai, quelques semaines plus tard. Elle habite la même rue que moi. Étrange coïncidence. La géographie réunit nos malheurs. Ce jour-là je lui demande :

— Pourquoi votre fils est-il à Sainte-Anne ?

Elle me répond un simple et technique :

— Il ne sait pas se gérer.

Elle était bien loin du compte. Par pudeur ou par honte ?

Je ne fais plus attention à Adrien. Seul le sort d'Arthur m'importe. Cela fait un mois et demi qu'il est ici, enfermé. La brindille reprend la force d'un tout petit arbre.

Moi, je tiens le coup, mes forces ne m'abandonnent pas. Du moins pas encore. Le médecin aux joues roses tâtonne toujours. Les neuroleptiques, anxiolytiques, ont fait leur œuvre, même si Arthur navigue toujours dans le monde des ténèbres. C'est à ce moment-là qu'il fréquente l'aumônerie de l'hôpital. Il va voir le prêtre. Il a de longues discussions sur la rédemption. Je suis étonnée qu'Arthur se tourne vers la religion. Ça ne lui ressemble pas. Mais à quelle partie de lui se fier alors qu'il bataille contre un démon intérieur ? La drogue n'est-elle pas dans le fond une quête de l'absolu, une quête de Dieu ? Dans ses bouffées délirantes, ne disait-il pas qu'il était le Messie ? Il parle de longues heures avec ce prêtre qui semble l'apaiser. Je lui demande :

— Tu crois en Dieu ?

— Oui, ça me rassure et je ne veux plus souffrir, lance-t-il dans un soupir épuisé.

Il va souvent à l'aumônerie et dans la chapelle. Il cherche à consumer le mal qui veut le détruire. Il demande à faire sa première communion. Personne n'y voit aucune objection. Bien au contraire.

Ses joues creuses se remplissent un peu. Je scrute ses yeux, un peu moins cernés de rouge. Son pantalon ne lui descend plus sur les genoux, malgré les ceintures interdites : il a repris quelques kilos.

— Je veux rentrer chez moi, supplie-t-il.
Je reprends l'antienne des médecins :
— C'est trop tôt.

Les amies

Elle ne sait pas ce qui l'attend :

— Je vais aller voir Arthur à l'hôpital !

Emma, mon amie anglaise, vient de traverser un divorce tragique, mariée à un British tordu, alcoolique, qui a pillé son compte en banque pour finalement se sauver en Angleterre et disparaître en laissant ses trois enfants.

Elle a retrouvé son amour de jeunesse. Lui n'a pas divorcé. Il n'arrive pas à franchir le pas. Elle s'impatiente, tente de le quitter une vingtaine de fois, mais revient toujours, amoureuse, tempétueuse et malheureuse. Puis, un jour, sa femme trouve une lettre enflammée qu'il a écrite à Emma. Elle n'était sans doute pas bien cachée. Cette découverte ouvre la porte, qui semblait fermée de culpabilité. Il prend la décision de partir et de vivre avec Emma. Il est riche, drôle et sympathique. Il achète un immense appartement à Paris. Elle n'est plus ni miséreuse, accablée de dettes à cause du British fou, ni malheureuse. Sa beauté est à son apogée, comme son bonheur. Emma aime beaucoup Arthur. Ils ont une étrange complicité. Lui la trouve « trop belle » et elle « si intelligent ». Voulant marquer son affection, elle s'embarque dans une périlleuse visite à Sainte-Anne.

Elle ne sait pas le drame qui l'attend. Je loue son amicale initiative, mais crains son inconsciente témérité. Elle arrive grande et lumineuse, un sillage de Chanel n° 5 flotte derrière chacun de ses pas. Juchée sur des Louboutin, elle enfonce ses fins talons dans l'herbe du petit jardin clos, habillée d'une jolie robe à l'affolant décolleté. Tous les regards se tournent vers elle. Que fait cette jolie blonde dans l'un des plus lourds services psychiatriques ? Elle laisse infirmiers et patients tourneboulés. La sorcière hirsute la regarde de loin, prête à bondir sur la petite souris. Emma repart affolée et ne reviendra jamais.

Mag, elle, est une amie analytique. À en paraître froide. Elle ne me plaint jamais quand d'autres me disent : « Oh, ma pauvre ! », lorsque je raconte mes malheurs. Elle passe des heures au téléphone. Ne m'accompagne jamais dans la panique. Elle tient la barre de mes émotions, me remet droite quand je vacille. Disponible. Intelligente. Elle m'est d'une grande aide. Un SOS psy toujours disponible. Calme et patiente.

Julie, elle, est une force, un chêne qui a poussé droit. Avec elle on se sent en sécurité. Les emmerdes semblent s'aplatir devant elle. Elle dirait que ce n'est pas vrai, qu'elle en bave comme tout le monde, qu'elle n'est pas plus forte. L'une de ses amies, célèbre auteure de théâtre, dit d'elle : « Moi, si je devais partir à la guerre, j'emmènerais Julie. »

Après avoir considéré, en accord avec son père, qu'Arthur ne retournera pas à son studio après son hospitalisation, je dois m'occuper, pour le rendre, de le vider et le nettoyer. Il faut lessiver les murs où il avait écrit *Merci* et le reste. Tout est figé dans la crasse et le drame, malgré mes assauts dans la cuisine pour calmer mes angoisses le jour où il avait disparu.

Le courage me manque. Julie me propose de venir avec moi dans l'ignoble studio. Je lui donne rendez-vous en bas. Elle arrive armée comme un ramoneur. Sacs-poubelle, éponges et bouteille de Javel plein les bras.

Je connais désormais le sens profond et concret de « l'amitié ». Ce mot qu'on galvaude. Untel est un ou une amie. Mais en vérité ? Qui dans mon entourage aurait eu le courage de faire cela pour moi ? Personne. Les connaissances compatissent et vous plaignent, mais c'est tout. Elle, elle est là. En entrant chez Arthur, Julie reste quelques minutes, inerte devant le désordre. Ses yeux roulent.

— C'est dingue ! Mais quel bordel ! J'ai jamais vu ça, dit-elle d'une voix à peine audible.

On ne sait pas par où commencer. Je trie les papiers. Julie prend le sac-poubelle et ramasse, jette, balance tout dedans. Sa chicha, ses champignons, son matériel de drogué. Je réagis :

— Ah bon, tu jettes tout ?

— Ah bon, parce que tu veux garder sa chicha ? Tu veux la garder en souvenir ? répond-elle ironique, pragmatique, mais un peu agacée de me voir ainsi à côté de la plaque.

On récure la cuisine, la salle de bains. Je ramasse tous ses vêtements qui empestent. Je frotte le mur où il avait écrit *Merci*.

Il avait vécu ici avec Boucle d'or. Ils se sont aimés, ils se sont drogués, puis se sont quittés. Arthur avait mis fin à une relation hystérique et instable. Mais il n'a pas supporté la solitude ni la blessure du manque. Il a cru se sauver en la quittant, mais il a choisi la destruction, croyant ainsi guérir son mal.

Il ne reste plus aucune trace de la déchéance. Je referme la porte sans regrets. Entre soulagement et inquiétude. L'angoisse, ma compagne, me tenaille, elle ne me quitte plus. Elle est toujours avec moi. Perchée sur mon épaule à susurrer de sa petite voix de salope : « Que va-t-il devenir après Sainte-Anne ? Que vas-tu en faire ? Va-t-il redevenir normal ? Va-t-il rester fou ? » François n'accepte pas qu'il vienne vivre chez nous. D'abord parce qu'il faudrait transformer son bureau en chambre et qu'il n'est pas prêt à faire ce sacrifice. Son bureau est sa vie. Son lieu de réflexion, son sanctuaire. Une chapelle dédiée à la pensée. Ensuite, parce qu'un drogué chez lui, enfin chez nous, est impensable, extravagant. Je me sens si anxieuse que je préfère ne pas y penser. Son père refuse de le prendre chez lui. Pour l'instant, je n'ai aucune solution.

Deux mois après son admission au service fermé, la décision est prise de le transférer dans un autre pavillon de Sainte-Anne. Ouvert cette fois-ci. Pas de portes qui ferment à clé, pas de sas. Il peut circuler librement et avoir un peu plus de liberté. Son état s'améliore. Le diagnostic n'est toujours pas posé par le médecin :

— C'est encore trop tôt, on ne sait pas…

Je me fais une raison. Il a juste fait une bouffée délirante après avoir consommé des stupéfiants. Après tout, ce n'est pas si compliqué.

Mais tout de même, il doit bien y avoir des raisons rationnelles pour se détruire. Je tente de chercher des réponses que je n'ai pas.

Je repense à son enfance, son adolescence. Je fouille dans ma tête encombrée. C'était un adolescent assez taiseux. Pas excité, pas amorphe, mais qui avait sans cesse besoin d'appeler des copains, sinon il s'ennuyait. Il ne savait pas s'occuper tout seul. Très jeune, il a développé un rejet de l'école. Il s'y ennuyait et avait grand mal à se concentrer. Son écriture était difficile. Hachée, pointue. Raide, elle manquait de courbes et de fluidité. Elle ressemblait à un électrocardiogramme. Tout petit, à la maternelle, il refusait d'entrer dans l'enceinte de l'école et s'agrippait à mes mollets en pleurant. Chaque matin était un nouveau calvaire. Quelques années plus tard, il m'a demandé de le laisser au coin de la rue. Il ne voulait pas que ses copains le voient avec sa mère : « Ça fait gamin », m'avait-il dit.

À ses 6 ans, son père et moi avons divorcé. Les disputes n'étaient pas violentes. Pas de cris. Mais un venin silencieux. Un éloignement glacial s'installait. Pendant six mois, avant que nous ne nous séparions, chacun était sur sa banquise, à l'autre bout de l'appartement. Nous faisions chambre à part. Cuisine à part. Parfois il dînait avant et moi après. Arthur souffrait en sourdine. Englués dans nos conflits, nos rancœurs, son père et moi n'avions rien vu de la détresse qui s'était installée, glissée, dans le cœur de nos enfants.

Sa scolarité était chaotique. Il ne s'y intéressait pas. C'est un « rêveur », avait dit la maîtresse. Je pris une fille au pair pour ses devoirs car je sentais qu'il allait à la dérive. Lorsqu'il approcha des 13 ans, il décida de s'émanciper, de remettre ses devoirs à plus tard, de désobéir. De jouer au macaque. Le père n'était plus là pour imposer son autorité, et moi je travaillais, je ne rentrais pas avant 19 h 30. À l'époque je travaillais à France 3, au service politique. Je partais parfois en reportage, mais j'étais aussi remplaçante, joker, du présentateur du Soir 3. En somme, j'étais stagiaire « vedette ». Quand la vraie vedette était en vacances, moi j'étais là. Au garde-à-vous. J'étais une sorte de Poulidor. Chaque été, j'étais l'heureuse élue de la rubrique « Révélations de l'été » dans des magazines télé qu'on trouvait à la caisse des supermarchés. La première fois, j'étais flattée, fière. Surtout après un papier dans *L'Obs*.

Au bout de quelques étés de remplacements, j'étais toujours « la révélation ». Je trouvais ça pathétique.

À cette époque, parfois submergée de travail, je demandais à Camille de s'occuper de son frère le soir.

Il prenait la fâcheuse habitude de ne pas rentrer après l'école, il traînait chez les uns ou les autres. Un soir, à 20 heures, il n'était pas encore rentré. J'étais affolée. Camille tenta de me rassurer :

— Il est sûrement chez un copain.

J'appelais le commissariat. Inquiète.

Le temps d'expliquer mon histoire, j'entendis la clé dans la serrure. C'était lui. Je le sermonnai et lui dis que c'était la dernière fois que je tolérais cette attitude.

— Mais je suis désolé, j'étais chez un copain, j'ai pas vu l'heure.

Visiblement, mon autorité ne lui faisait pas peur. Il recommença.

— Il faut le mettre en pension, me dit son père. Nous n'avons pas d'autre solution.

Il en connaissait une à Reims qui avait une excellente réputation.

— Non, je ne veux pas qu'il aille en pension ! Tu sais très bien que j'y suis allée quand j'étais petite. Je ne veux pas lui infliger ça.

— Réfléchis quand même, insista-t-il.

Le mot « pension » me fait horreur. J'y suis entrée à l'âge de 10 ans, après le divorce de mes parents. J'ai l'horrible sentiment que ce que je voulais lui éviter s'inscrivait inexorablement dans sa vie.

C'était un petit manoir lugubre, en meulière, dans les Yvelines. L'Institut Maintenon tenu par deux vieilles femmes austères.

L'une d'elles avait la silhouette de la mère dans *Psychose*. Les cheveux gris, tirés en arrière et ramassés en un chignon rond sur le sommet de la tête. Toujours habillée d'un chemisier blanc et d'une robe sans manches, marron, raide comme la bure, de chaussures plates de bonne sœur. L'autre avait un style plus rustique. Grande et carrée, les cheveux courts, ridée comme une vieille pomme et de vilaines dents de cheval rayées de marron à la verticale. Une de ses dents, sur le côté, branlait au vent. Le soir, elle s'allongeait sur un transat dans le dortoir immense pour éviter le chahut. Par malchance, elle s'installait à côté de mon petit lit. Cinq minutes s'écoulaient après lesquelles un ronflement s'évacuait de ses narines. Je fixais sa bouche ouverte. Sa dent se soulevait légèrement sous la force de sa puissante expiration.

Tout le monde dormait et j'étais la seule insomniaque. Impossible de trouver le sommeil à côté de cet engin pétaradant.

Une nuit, alors que j'allais aux toilettes en faisant grincer le vieux parquet, surgit du haut de l'escalier l'autre vieille au chignon. Ces cheveux lâchés dégringolaient sur une longue chemise de nuit blanche en vieille dentelle. Elle était apparue comme un spectre, me faisant sursauter, expulsant le cœur de ma poitrine.

— Que faites-vous debout ?

— Je n'arrive pas à dormir.

Elle me proposa un verre d'eau avec du sucre et me dit :

— Allez hop ! Au lit mon petit, il est tard.

À convoquer ces mauvais souvenirs, le mot « pension » me chagrine.

Je cédai pourtant à Pierre, la mort dans l'âme. Son père et moi l'amenâmes à Reims. J'avais le cœur lourd de le laisser ici, mais lui n'avait pas l'air contrarié. L'endroit n'avait rien à voir avec mon sinistre manoir hitchcockien. Ici tout était grand, espacé. Des bâtiments anciens côtoyaient les modernes, une vie d'internat classique, bruyante et joyeuse. Il subit au début un bizutage dont il ne dira presque rien.

Il s'y fit pourtant de solides amitiés : Léo, Sean, un grand gars d'origine irlandaise aux épaules carrées. Après la terminale, ce dernier finira ses études à Harvard grâce à une bourse, car le gaillard était un champion d'aviron. Et, à Harvard, on aime ceux qui rament. C'est ici qu'Arthur a fumé son premier pétard, à 14 ans. Ce fut d'abord une transgression. Puis un plaisir. Un désir. Un besoin, très vite.

À Reims, Arthur était en classe de 5e. Il se plaisait dans sa nouvelle école. Il y resta jusqu'en 3e. Il n'avait pas de problèmes de discipline, mais son bulletin de notes n'était pas très bon. Il rêvassait. Régulièrement l'école m'appelait : il fallait venir le chercher car il avait mal au ventre et se tordait de douleur. « Il est à l'infirmerie, il faut venir le chercher ! » Combien de fois ai-je fait l'aller-retour dans la journée, car son père ne pouvait pas. Il travaillait… Moi aussi je travaillais !

Je prenais ma voiture en direction de Reims : je connaissais chaque brin d'herbe sur le bord de l'autoroute, chaque buse perchée sur les grillages. J'aurais pu y aller les yeux bandés.

Sur le chemin du retour, je lui demandais pourquoi il avait sans cesse mal au ventre. Il me disait qu'il n'arrivait pas à « faire caca », car il y avait trop de monde autour de lui :

— Ça fait une semaine que je n'ai pas été aux chiottes... J'y arrive pas. Y a trop de monde autour!

Monsieur voudrait des toilettes à lui, avec, autour, un silence monacal, afin d'y déposer, saintement, sa modeste contribution au monde. Quel emmerdeur!

— Mais tu ne vas quand même pas rester constipé toute ta scolarité!

Ses histoires d'intestins sont encore un feuilleton à Sainte-Anne. Il faut que j'aille dire aux infirmiers que Monsieur est constipé car il n'ose pas.

Au bout de deux mois et demi à Sainte-Anne, l'arbuste a retrouvé sa sève. Il est encore faible, mais son cerveau s'est reconnecté à son esprit. Il n'est pas si fier, car il va devoir redoubler son année dans son école de cinéma.

Arthur va pouvoir quitter l'hôpital.

— Votre fils a besoin de repos et de soins. Ses neuroleptiques le fatiguent. Je comprends qu'il veuille sortir de l'hôpital, alors je vous propose qu'il aille dans une clinique psychiatrique.

Julie en connaît une où sa fille avait fait quelques séjours lorsqu'elle était en proie à de fortes crises d'angoisse en pleine explosion adolescente.

Le cadre est charmant, éclatant de verdure avec de beaux rosiers épanouis et gonflés par les rayons du soleil. Des transats pour faire la sieste dans le jardin. Télévision dans la chambre, croissants au petit déjeuner. Des petites maisons, comme les ailes des châteaux, portent des noms. À l'entrée, une grande maison de maître accueille les patients et abrite les bureaux des médecins et de la direction. Après l'incarcération psychiatrique, c'est la vie de pacha.

À l'entrée, il faut laisser une caution de 800 euros. Avant de parler santé, on discute gros sous. Il faut une chambre que la mutuelle rembourse. Les prix peuvent monter jusqu'à 300 euros par jour, alors qu'il n'y a que quelques mètres carrés de différence.

Arthur apprécie ce luxe.

— Si vous ne pouvez pas payer cette somme, on vous propose de contracter une surmutuelle.

En voilà un bon business !

Arthur me dit qu'il ne voit jamais le même médecin. Je m'en étonne auprès de la clinique. Il finit par avoir une psychiatre dédiée qui a un appareil dentaire et un élastique dans la bouche. On dirait un cheval de course. Il est difficile de se concentrer lorsqu'elle parle. Elle a l'air épuisée, le dos voûté, les bras ballants quand on la suit jusqu'à son bureau. Elle semble plier sous le poids du malheur des autres. Je ne suis pas rassurée par cette femme qui semble au bout du rouleau. Je me dis qu'elle n'a pas un boulot très simple. Mais tout de même, elle détient la vie de ma brindille entre ses mains.

— Arthur est très fatigué, il faut qu'il se repose. Je vais lui prescrire des antidépresseurs.

— C'est curieux, à Sainte-Anne, ils m'ont dit que ce n'était pas souhaitable !

— C'est parce qu'il était en bouffée délirante, mais maintenant les choses s'apaisent.

Un calme relatif est revenu dans ma vie. La secousse a été forte, m'a laissée chancelante et anxieuse, encore plus qu'à mon habitude. Cette crise a fait trembler l'édifice de mon couple que je croyais plus solide. C'est à ce moment que François se fait opérer de la hanche. Il souffre terriblement.

Il ne se plaint pas, mais son silence est un cri permanent. Il enferme sa douleur dans un étau de mauvaise humeur.

Pierre est à ce moment si loin d'Arthur. La folie passagère de son fils lui fait peur et il ne s'implique pas, sans doute pour ne pas souffrir. Il passe apporter des cigarettes. Il ne voit pas les médecins, ne demande jamais rien.

Camille vient voir son frère, mais elle est dans l'incompréhension et ses visites s'espacent. Ce n'est pas de la pitié que je lis en elle, plutôt de la colère. Elle ne le comprend pas. Ma mère, elle, sombre lentement dans l'oubli : elle est atteinte d'une forme légère de la maladie d'Alzheimer. Mon père vient le voir de temps en temps avec sa femme, une grenouille de bénitier, excitée de l'intérêt soudain d'Arthur pour la religion.

Quelques semaines s'écoulent. Il est un peu fossilisé dans sa nonchalance. Il devient tout mou, écoute de la musique et regarde des âneries à la télé. L'heure de la sortie approche, celle des grandes vacances aussi. Que vais-je en faire ? Et puis après ? Il va reprendre ses études, mais il a raté tous ses cours. Où va-t-il habiter ? Avec qui ? J'essaie de convaincre François de le prendre avec nous quelques semaines, quelques mois, pour qu'il se remette. C'est un refus net. Tranchant et sans appel. C'est lui ou lui. Je remets le sujet à plus tard et j'enferme mon angoisse dans une petite boîte. Je l'ouvrirai le moment venu. Pour l'instant, il s'agit de partir en vacances avec cet enfant dont personne ne veut s'encombrer.

Son père compte le prendre un peu, mais à la fin des vacances, peut-être un peu plus.

François va en Normandie, chez ses frères et sœurs qui jouent au bridge. Moi je suis invitée quelques jours chez Emma et son amoureux dans le Sud-Ouest. Arthur, entouré de jeunes de son âge, reste mutique et ressemble à une poterie qu'on a posée sur une étagère. Il regarde ailleurs et passe son temps à lire. Visiblement, les antidépresseurs le laissent dans un état soporifique. Il est là, mais il est ailleurs. Au moins il n'est pas contrariant, lui qui d'habitude impose ses désirs comme des ordres. C'est un muet qui passe des vacances avec moi.

Puis nous sommes invités quelques jours à l'île d'Yeu. Je défais et refais mes valises avec mes baluchons et mon fardeau. Direction la Bretagne chez mes amis Marion et Alain qui aiment beaucoup Arthur. Alain s'occupe de lui, s'intéresse à lui :

— Arthur, je vais te faire visiter la région… Et on ira jouer au golf !

Son visage s'éclaire et je les regarde partir. Je veux croire que la crinière grisonnante d'Alain est un peu la figure paternelle dont il manque et qu'il ne cesse de réclamer en silence.

Je suis accueillie partout avec bienveillance, mais j'ai le terrible sentiment de me sentir comme une SDF. Je trimbale mon petit boulet qui regarde le plafond. Dans quelques jours, il ira chez son père qui va un peu le garder avec lui.

Mais la cohabitation tourne comme une mauvaise mayonnaise. Pierre ne le supporte pas très longtemps chez lui. Il va falloir que je trouve une solution. François ne veut pas d'autres êtres vivants chez lui en dehors de son chien, ses puces et moi. Pourtant, je sens qu'Arthur a besoin d'être entouré. Même s'il clame qu'il veut retourner dans son studio, je sais bien qu'il ne dirait pas non au gîte et au couvert. Je me sens écartelée, prise au piège. J'insiste et reviens à la charge.

— On peut le prendre quelque temps. Le temps qu'il aille bien…

— Mais il n'y a pas de place !

— Si ! Ton bureau est grand. On peut le mettre là. Tu peux travailler dans le salon à mon bureau.

— Non ce n'est pas possible. Je ne le supporterai pas. Ou alors je m'en vais. C'est lui ou moi.

Un nouveau départ avec Oscar

Dois-je quitter François pour prendre un appartement avec mon fils ?

Partir, comme ça, tout de suite, mais pour aller où ? Rester, mais que faire d'Arthur ?

L'homme avec qui je vis ne veut pas s'encombrer d'un enfant à la dérive. Est-ce que je ne risque pas de devenir l'esclave domestique de mon oisillon à qui je donne encore la becquée, car il se refuse à s'envoler ? Restera-t-il avec sa vieille mère qui sentira le pipi jusqu'à la fin de ses jours ? Mais si je l'abandonne... finira-t-il sous les ponts, seul, barbu et drogué jusqu'à l'os ?

Toutes les hypothèses s'invitent dans mon esprit torturé. J'appelle Camille à la rescousse. Elle vient à la maison et nous cherchons ensemble une solution. Je propose de lui prendre une chambre à quelques pas de chez moi. Ainsi, il pourra venir chez nous, dîner et laver son linge. En vérité, je veux garder un œil sur lui, car je sais bien que ce gamin ne sait même pas se faire cuire un œuf, encore moins passer le balai ou l'aspirateur. Monsieur est un manchot. Je trouve une chambre de bonne de douze mètres carrés à cent mètres de chez moi.

— C'est trop petit douze mètres carrés, répond-il.

— Non, mais tu veux quoi ? Un duplex avec vue sur la Tour Eiffel ? lui demande sa sœur, agacée.

— Non, mais il y a une douche. Je préfère une baignoire.

Il refuse et s'obstine. François s'énerve :

— Petit con exigeant !

J'en conviens, mais je ne veux pas contrarier le convalescent. Je cède encore à la pieuvre.

On lui trouve finalement un studio meublé dans une résidence étudiante à quelques kilomètres de chez moi qu'il juge victorieusement à son goût. La distance me paraît trop longue. Je ne pourrai pas le surveiller de près. Au moins il n'y a pas à tout remeubler, nul besoin d'acheter des casseroles. Arthur s'y installe, il semble content. Il nous invite un soir chez lui, avec sa sœur. Il a cuisiné. Un exploit. Son poulet au citron est une petite merveille qui fond dans la bouche.

— Tu ne voudrais pas prendre mon chat... Maintenant j'ai un mec, dit Camille en riant. Tu peux prendre Oscar, ça te fera de la compagnie.

Avec Oscar, le moteur de sa vie vrombit à nouveau. Je lui demande, sceptique et inquiète :

— Crois-tu pouvoir vivre tout seul cette fois ?

— Oui maman, t'inquiète, je vais bien. Pour moi, la drogue c'est fini. J'ai compris.

Je suis à moitié soulagée.

Au mois d'octobre, Arthur a repris sa vie en solo et les cours de son école de cinéma, mais je le trouve un peu chancelant. Il va régulièrement revoir la psychiatre à l'élastique en consultation à la clinique. Elle lui a retiré les antidépresseurs. Ses mains tremblent quand il allume sa cigarette. Il a la paupière basse, alourdie, lasse. Refume-t-il ? Il jure que non. Je l'observe, je l'ausculte discrètement du coin de l'œil, je prends son pouls de loin, scrute sa pupille dilatée ou pas, son poids au doigt mouillé. Sherlock Holmes est à l'œuvre. Mon esprit est en veille.

— Je dors mal, me répond-il.

Le manque de sommeil est un signe annonciateur.

Comme une alarme ambulante, je peux sonner au moindre mouvement. Je renifle mon inquiétude comme un chien de garde, mais j'aboie toujours trop tard, quand le mal est fait.

Arthur fait des allées et venues chez nous pour dîner et apporter son linge sale. Il semble avoir repris une vie normale.

— Tu prends bien tes médicaments ?

— Oui, mais ça m'abrutit un peu, c'est pour ça que je tremble.

Je demande à voir son ordonnance. Je commence à m'y connaître en neuroleptiques, anxiolytiques, somnifères et hypnotiques. Il est chargé comme un mulet en médicaments. Après tout, je ne suis pas psychiatre ! Cependant la liste est interminable.

Nous sommes à la campagne avec François. Comme chaque week-end. Entre nous, la relation est distendue. Les drames d'Arthur ont laissé des traces. Il m'a consolée dans les moments les plus difficiles, sa simple présence me réconfortait, mais il a refusé de l'héberger chez nous. C'était « lui ou moi ». Pourtant, avec le recul, je sais que son refus a peut-être été un barrage contre le lierre qui ravage ma façade. Arthur m'aurait peut-être anéantie. Tous les camés veulent emporter leur entourage dans leur destruction. Ils n'ont d'horizon qu'eux-mêmes. Les autres ne les intéressent pas, parce que leur souffrance prend toute la place.

Mais je ne peux m'empêcher d'incomber à François une part de responsabilité dans ce drame. La mienne est grande : je n'aurais jamais dû accepter de vivre avec lui sans Arthur.

Réticente, je me souviens lui avoir proposé qu'il achète la maison de campagne dont il rêvait et nous pourrions ainsi nous retrouver seulement le week-end. Nous deux.

— Je ne sais pas si je peux laisser Arthur seul dans un studio. Il est encore jeune.

— Mais moi, à son âge, j'avais une chambre de bonne et j'avais des petits boulots pour payer mes études. Il peut et doit se débrouiller tout seul.

— Mais ça te pose un problème qu'il vive avec nous ?

— Oui, je ne préfère pas. Je ne me sens pas à l'aise avec lui.

En vérité, je sentais qu'il n'appréciait pas Arthur et qu'il le regardait comme un rival qui allait lui prendre une partie de moi.

— Nous allons visiter des maisons de campagne. Je voudrais quelque part dans les Yvelines pour que ça ne soit pas trop loin de Paris, propose-t-il.

Quelques mois plus tard, nous trouvions la maison à quelques kilomètres de Rambouillet, en lisière de forêt. Il l'acheta. Moi, je n'avais pas les moyens, car j'avais déjà un loyer important. Lui chez lui, moi chez moi la semaine, et le week-end nous nous retrouverions. Je me pris d'une passion pour le jardinage. Je tondais. Je désherbais et, forcément, comme la Parisienne qui découvrait la campagne, je fis un potager.

Quelques mois plus tard, François me tendit à nouveau la perche :

— C'est idiot de garder deux loyers à Paris en plus de la maison de campagne. C'est trop cher. Prenons un appartement tous les deux.

J'avais peur qu'Arthur ne soit pas prêt à vivre seul, même en compagnie de Boucle d'or. Il n'avait que 19 ans. Toutefois, je lui demandai s'il voulait un studio.

— Ouais, génial… S'il te plaît maman, ce serait trop bien !

Allô, c'est le commissariat

Alors qu'il venait d'avoir 15 ans, un soir, j'ai reçu un appel du commissariat :

— Bonjour Madame. Vous êtes la mère de Monsieur… ? Votre fils a été arrêté en possession de stupéfiants. Pouvez-vous venir le chercher ?

Abasourdie, je pris mon sac et mes clés de voiture et courus le chercher.

Il avait été arrêté avec ses copains, sous un porche. Ils fumaient, mais lui seul s'était fait embarquer. C'est lui qui avait le shit dans sa poche. Quelques mois plus tard, il était convoqué au tribunal pour un rappel à la loi. *Cause toujours, tu m'intéresses.*

Un soir, j'ai tenté une autre stratégie :

— Bon… Fais-moi essayer ton truc pour savoir ce qui te plaît tant là-dedans !

Dévergonder sa mère, l'occasion était trop belle. Il me roula un pétard. Je le regardais faire. Avec une petite boîte ronde qui ressemble à un taille-crayon, il moulut l'herbe ou le shit. Avec son paquet de cigarettes, dont il arracha un morceau de carton, il entoura le filtre et roula une grosse cigarette où il mélangea shit et tabac.

Je tirai quatre bouffées. Au début, c'était drôle. Je ricanai bêtement, mais très vite je me sentis toute froide à l'intérieur, comme exfiltrée de mon corps. La bouche sèche. Les murs se déformèrent autour de moi. Je délirais gentiment. Mal au cœur, envie de vomir. Il me fit boire de l'eau, car j'avais la bouche brûlante et sèche.

Les jours qui suivirent, j'étais encore vaseuse. Arthur, goguenard, m'observait et raconta à tous ses copains que sa mère avait fait un *bad trip*, me traitant de droguée en s'esclaffant.

Ma stratégie stupide avait lamentablement échoué. J'avais tout essayé.

Je finis par lui demander :

— Mais enfin, qu'est-ce qui te plaît tant dans cette drogue… Je me suis sentie si mal. J'avoue que je ne comprends pas ?

— Moi je suis bien quand je fume. Je me sens bien. Je ne saurais pas dire. J'ai l'impression que tout est possible. Je suis moins timide, ça me désinhibe. Laisse tomber, tu ne comprends rien !

C'est l'incompréhension la plus totale qui demeura entre nous.

Le diable à ma table

C'est un week-end de beau temps. La campagne se réjouit du soleil d'automne qui sacrifie ses derniers feux. Nous sommes tous les deux avec François. Arthur vient passer quelques jours en cette fin de semaine. Il me demande s'il peut inviter un copain pour déjeuner. Je l'interroge :

— C'est qui ton copain, je le connais ?

— Non, tu ne connais pas.

Il est vague. Comme souvent. Nous partons à la gare chercher ce mystérieux copain.

Il me salue, s'assoit à l'arrière de la voiture. Ce jeune homme me rappelle quelqu'un, mais je ne sais pas qui. Je jette des coups d'œil dans le rétroviseur. Je suis intriguée, cherche dans ma mémoire, car ce visage et ce rictus narquois me sont familiers. Je chasse cette idée, mais le malaise persiste. J'ai du mal à respirer, je suis tendue et pressens quelque chose que je ne peux nommer.

Nous déjeunons dehors, mais je suis oppressée. Il l'appelle par un prénom qui ne m'évoque rien.

— Jean, tu me files mes clopes s'il te plaît, demande Arthur à son copain que je continue de dévisager.

Je lui demande :

— Tu habites où, Jean ?

— À Paris.

— Et tu fais quoi ? Des études ?

— Non, je ne fais rien.

Je fixe ce visage poupin et, soudain, je reconnais ce sourire inquiétant qui plane sur ses lèvres, ce regard fuyant. Je comprends soudain. Ma mémoire s'est réveillée. C'est le diable qui s'habille en Quechua !

— Tu es Adrien ? Tu étais à Sainte-Anne avec Arthur ?

Il jette un œil furtif en direction d'Arthur, sans savoir vraiment ce qu'il doit répondre. Il nie. J'insiste.

— Je te reconnais.

Il ne résiste pas longtemps devant mon insistance.

— Arthur, pourquoi tu ne m'as pas dit tout de suite que c'était Adrien ? Pourquoi tu racontes des histoires ?

— Parce que j'avais peur que tu t'inquiètes… Que ça te rappelle des mauvais souvenirs.

Mon cœur s'emballe et je lui pose mille questions. Pourquoi était-il hospitalisé ?

Schizophrène.

— Je suis schizophrène, lance-t-il avec calme. J'habite dans un foyer et je touche une allocation « adultes handicapés ».

Il ajoute :

— Ma mère ne veut pas de moi.

Il me raconte sa vie sur un ton posé, ponctué de sourires embarrassés, avec une sorte de neutralité, sans émotion, un regard moucheté de lueurs diaboliques. Son père est mort et sa mère l'abandonne. Je me dis que c'est une bien mauvaise mère. Arthur me dit que c'est la femme élégante qui habite mon quartier. Ça y est, j'y suis !

Je suis intérieurement furieuse contre Arthur qui, une fois de plus, m'a menti. Je me demande ce qu'il peut trouver à ce garçon qui ne semble pas très éclairé intellectuellement. Après avoir raccompagné Adrien à la gare, je questionne Arthur sur cette curieuse relation.

— Il est gentil et, le pauvre, il n'a personne. Il me fait pitié.

C'est sans doute vrai. Arthur, au travers de tous ses dysfonctionnements, a une âme de bon Samaritain. Il a cette étonnante capacité à se mettre au même niveau que son interlocuteur. Comme les hypersensibles, il prend toujours la couleur de l'autre. Avec un intellectuel, il va pousser loin son raisonnement et son intelligence. Inversement, il pourra rester sur des considérations modestes, peu élaborées et parfois très enfantines. Il épouse souvent celui qu'il a en face de lui. Il manque souvent de discernement quand il est trop impliqué.

Il semble curieusement s'adapter à tout. Il sait se détruire et tout autant se tirer d'un mauvais pas. Miraculeusement.

Trois ans auparavant, après avoir quitté le pensionnat de Reims parce que son père ne voulait plus payer les frais, il était retourné dans un lycée privé parisien. Il avait redoublé sa seconde. Mais, au cours de l'année, ses résultats étaient catastrophiques.

Un jour la directrice m'appela :

— Je suis désolée, Madame, mais Arthur a déjà redoublé sa seconde, il ne peut pas la tripler. Je ne peux pas le garder dans sa classe. Il va devoir aller en bac professionnel. Il reste quelques places.

— Quel bac professionnel ?

— En bac secrétariat.

— Quoi ? Mais enfin, je n'imagine pas Arthur en bac secrétariat. Ce n'est pas possible, dis-je abasourdie.

La nuit, je ne trouvai pas le sommeil. Quand je me tournais sur le côté gauche, je me faisais une raison : tant pis, il ira en bac pro. Sur le côté droit, je ne pouvais m'y résoudre et m'en voulais d'avoir pu croire un instant à cette solution.

Le lendemain, j'appelai son père. Il me dit :

— On n'a qu'à le mettre à l'armée.

— Arthur à l'armée, mais c'est impossible… Tu l'as regardé ? Tu imagines Arthur tirer au Famas ? lui dis-je, épouvantée.

— Ben, je ne sais pas… et steward ?

Je laissai tomber.

Le lendemain, je demandai à la directrice un nouveau rendez-vous, qu'elle m'accorda. Je lui demandais un sursis.

— Je vous en prie, Madame, laissez-lui une chance de se rattraper. Il le peut.

Devant mon insistance, elle me convoqua avec lui.

— Arthur, votre mère me dit que vous pouvez vous ressaisir. Elle pense, et je pense aussi, que vous en êtes capable… Qu'en dites-vous ?

— Je pense que je peux me rattraper… C'est vrai, je n'ai pas beaucoup travaillé. Je vais me reprendre. Je vous le promets, dit-il avec une telle intention ferme qu'on le crut.

— Dans ce cas, vous allez me signer un contrat. Un contrat de confiance. Comme quoi vous vous engagez à retrouver un bon niveau d'ici deux mois. Si dans deux mois les notes ne sont pas au rendez-vous, vous irez en bac pro ou bien trouverez un lycée qui accepte que vous tripliez votre seconde.

— Oui, Madame la directrice, répondit-il soulagé en se redressant.

Je la remerciai. Dehors, sur le trottoir, je m'arrêtai, regardai Arthur droit dans les yeux :

— Alors maintenant, mon vieux, tu as deux mois pour te sortir de ce piège. Soit tu te reprends et tu continues tes études, soit tu vas faire ton bac secrétariat. J'imagine que tu veux faire autre chose dans la vie qu'un boulot de fille ?

Piteux et à la fois orgueilleux, il me répondit d'un air de défi :

— Je vais bosser, je n'irai pas en bac secrétariat, là-dessus tu peux compter sur moi.

— C'est ton avenir qui est en jeu et tu l'as aujourd'hui entre tes mains. C'est toi qui décides.

En deux mois, il remplit le contrat. Son bulletin retrouva des couleurs, ses notes étaient supérieures à la moyenne et les commentaires des professeurs semblaient décrire quelqu'un d'autre. Je n'avais pas besoin d'être sur son dos car je le voyais travailler. Parfois, je le faisais réviser sur ses cours d'histoire qui rafraîchissaient ma mémoire. Il ne fumait plus de pétards et se couchait tôt. Il se remettait droit. Il remplit le contrat et passa en première haut la main.

Deux ans plus tard, le jour du résultat du bac, il était reçu avec mention « Assez bien ». Ce jour-là, j'appelai la directrice et je la remerciai :

— Grâce à votre confiance, Arthur a pu se remettre sur les rails.

— C'est Arthur qu'il faut féliciter, répondit-elle.

Mais au ton de sa voix, j'entendis qu'elle était touchée que je la remercie.

Le diable s'en est allé

En fin d'après-midi, je raccompagne Adrien à la gare. Je le regarde s'éloigner, voûté et chancelant.

Je dors d'un sommeil haché et l'inquiétude traverse la nuit, elle se promène, me réveille, me torture. Je dors et je veille. Veille et me rendors.

Pourquoi cet enfant s'entoure-t-il toujours aussi mal, pourquoi fréquente-t-il cet Adrien ?

Au petit déjeuner, d'humeur morose, je fixe une minuscule araignée qui tisse sa toile entre les barreaux d'une chaise. Elle travaille méticuleusement. Avec lenteur, perfection, ignorante de ma présence, elle travaille au piège qu'elle va tendre à quelques moucherons idiots.

Je me remémore soudain Adrien qui me fait penser à cette araignée. Je chasse cette idée saugrenue. Il faut se méfier des araignées. Je l'abandonne à sa besogne et l'oublie.

Je surveille de loin Arthur. Peut-il vivre seul ? J'en doute. Si je m'éloigne de lui, je l'insécurise. Si je suis trop intrusive, je l'empêche de déployer ses ailes de moineau. J'opte pour un « en même temps » pas encore à la mode.

Quelques mois plus tard, il est à nouveau chancelant.

— T'as une drôle de tête.

— Oui, j'ai pris une cuite hier soir. Je suis sorti avec des potes.

Mais je ne le crois pas. Son regard vitreux, ses yeux surlignés de rouge par le manque de sommeil… Il a à nouveau pris de la drogue, j'en suis convaincue.

— Arthur, tu as refumé ?

— Non, je te jure, j'ai rien pris.

— Tu me le jures ?

— Oui.

Mais son oui perd en puissance à force d'être trituré par mes questions incessantes. Je vois qu'il ment.

— Dis-moi la vérité… Je sais que tu mens.

— Enfin si, j'ai fumé un pétard avec Léo…

Un ami de ses années de pension à Reims.

— C'est lui qui m'a proposé un pétard, je n'ai pas résisté.

Je bondis sur mon téléphone et appelle Léo que je connais bien. Tremblante, je lui dis :

— Comment as-tu pu proposer du cannabis à Arthur ? Tu connais la situation.

— Je n'ai pas vu Arthur et ne lui ai jamais proposé de shit ! Passez-le-moi !

Arthur prend le téléphone, le regard fuyant, courbé – sa posture quand il ment. Il se fait passer un savon. Il a menti, encore une fois, et a fait endosser son mensonge à un autre.

— À cause de toi, j'ai failli perdre un copain, me dit-il, vexé d'avoir été démasqué.

— Non, c'est à cause de toi… À cause de tes mensonges !

Il ne dit rien. La colère bout en lui.

La rechute

Alors qu'il est toujours suivi par la femme à l'élastique qui se contente de remplir les ordonnances, je l'emmène voir un professeur en addictologie, dans un hôpital parisien. Un chef du service psychiatrique, qui cache une main de fer enveloppée dans un gentil sourire. Il lui propose de l'hospitaliser pour tenter un traitement, mais qui nécessite d'abord des analyses. Arthur fait de la résistance, pour finalement accepter. Il entre dans cet hôpital sinistre du nord de Paris. Il est testé positif au cannabis. Dans le couloir, il côtoie des clochards, des drogués, des alcooliques. Il parle avec l'un d'eux, se confie à lui. Ils vont fumer des clopes dehors. Quelques jours plus tard, son ordinateur a disparu.

— C'est le gars avec qui je parlais. L'enfoiré, il me l'a volé et s'est barré. J'en ai marre de cet endroit pourri. Je veux me barrer d'ici. C'est trop malsain.

Il veut fuir au plus vite et le dit au médecin.

— Votre fils veut sortir. Je ne peux rien faire contre sa volonté. Il n'y a pas de travail possible sans son consentement, je suis désolé, me dit-il avec froideur et déception.

— Mais que vais-je faire ?

— Je ne sais pas, Madame.

Je repars avec lui. Je manque de me cogner dans une porte vitrée à la sortie de l'hôpital. Arthur s'esclaffe.

— Tu trouves ça drôle… Je vais faire quoi de toi maintenant ?

— Mais maman, c'est rien. J'ai juste fumé de la beuh. C'est pas grave, c'est rien. Pourquoi tu en fais toute une histoire ?

— Parce que tu le sais, tu ne peux plus fumer. Ça rallume le feu, un truc dans ton cerveau. Tu es devenu intolérant. Il faut que tu arrêtes, sinon tu vas redevenir dingo.

— Mais non, je vais pas redevenir dingo.

— Et tes études, tu vas les gâcher en fumant des pétards ? À quoi ça sert que je paie une école si tu passes ton temps à être perché ?

Je suis excédée. Excédée et impuissante.

Je ne peux pas le remettre dans son studio seul. Je supplie son père de le prendre chez lui, car il a une grande chambre qui peut l'accueillir. Son père vit avec une nouvelle conquête. La jeune femme de 33 ans ne voit pas d'un bon œil l'arrivée du jeune lionceau.

Le père finit par accepter. La cohabitation se passe comme je m'y attendais : mal.

Son père s'est remarié pour la troisième fois. Le couple part en voyage de noces et laisse l'appartement à Arthur. Mauvaise idée. À leur retour, un morceau du parquet gondole car il a laissé la pluie entrer un soir d'orage, oubliant de fermer la baie vitrée coulissante. Les toilettes sont sales. J'ai droit à la description des toilettes. Rien de très grave, même si c'est sans doute très agaçant. Pourtant, c'est un drame. Son père est furieux et je sens que la nouvelle femme est en colère et peu encline à supporter un goret dans l'appartement.

Son père m'appelle et met le haut-parleur. Arthur, à côté d'eux, se fait rabrouer. La dispute prend de l'ampleur. Je suis censée faire quoi moi, loin d'eux ? L'arbitre ? Tout le monde hurle. Le père, le fils, la nouvelle belle-mère furieuse :

— Moi si je m'étais comportée comme ça, mon père m'aurait donné des torgnoles. Tu ne respectes rien, crie-t-elle.

Arthur laisse sa colère qui s'était accumulée s'abattre sur eux. J'essaie de calmer tout le monde. Son père veut que je réprimande Arthur. Je le fais et lui demande de se calmer. Je raccroche en espérant que l'orage passe.

Il redouble.

Son père l'empoigne violemment et lui intime l'ordre de partir. Il est 22 heures. Arthur m'appelle. J'entends les cris, les insultes qui fusent. Arthur au milieu. Et moi qui ne comprends pas ce qui se passe. J'esquive quelques balles. J'essaie de nouveau de calmer tout le monde sur haut-parleur. François s'en mêle. Et tout le monde s'énerve. C'est un feu d'artifice, pétaradant de reproches, de cris et d'incompréhension mutuelle. Je propose à Arthur de venir à la maison. Tant pis pour François. Marre de ces pièces rapportées qui veulent bien vivre avec l'arbre, mais sans les fruits dessus. Finalement, la voix blanche, il me dit qu'il préfère aller se réfugier chez un copain avec qui il pourra parler.

Il y reste une semaine, le temps de trouver une solution.

Épuisé, lassé, angoissé, il reprend de la drogue plus intensément. De la MDMA. Une substance psychotrope qui provoque des hallucinations. Le poisson replonge dans ses profondeurs. Les abysses l'attendent. Je ne le sais pas encore.

Quelques jours plus tard, Camille m'annonce qu'elle déménage. Elle a fait, il y a quelques mois, la rencontre d'un garçon. Ils emménagent ensemble. En voilà une de casée.

Ils louent un appartement dans le 20e arrondissement de Paris. Elle libère son logement et propose à Arthur de reprendre son deux-pièces à Saint-Lazare, 800 euros par mois, c'est « une affaire ». Son père accepte d'en payer la moitié. Arthur promet que c'est un nouveau départ et camoufle son mal.

Il s'installe dans ce coquet appartement avec une cheminée. Il est heureux. Je ne peux m'empêcher de lui faire des recommandations ménagères. À chaque fois, je me dis qu'il a compris, mais mes paroles s'envolent comme un ballon percé dans le ciel de Paris. Après l'état des lieux de son dernier meublé, j'avais dû débourser 800 euros en peinture et pour la réparation des plaques chauffantes qu'il avait bousillées.

Je me demande ce qu'il va détruire cette fois.

Il est en troisième année de son école de cinéma. Je crains qu'il ne fréquente encore ses copains louches et leurs horaires décalés. Je lui fais confiance contre mon gré.

Comme sa sœur, il décide qu'il veut contracter un prêt étudiant. Il demande à son père de se porter garant. Culpabilisé de l'avoir jeté dehors, il lui donne son accord, mais ne veut pas qu'Arthur l'utilise pour payer son école. C'est à moi que revient la charge financière, c'est la juge qui l'a dit. Je paie son école, puisque la juge nous avait attribué un enfant chacun. Lorsqu'on ne se déchire plus à propos de l'amour ou de ce qu'il en reste, l'argent devient l'unique champ de bataille. Dix mille euros par an, c'est le prix que me coûte son école. Une boîte à fric comme il en existe tant. Je préviens Pierre que son fils est bien incapable de gérer de l'argent. Il lui brûle les doigts à la minute où il en possède. Il ne m'écoute pas. Me prend de haut et raccroche sans avoir pris au sérieux mon avertissement. Il se porte garant pour un prêt de 10000 euros.

Onassis

Arthur se prend soudain pour Onassis. Il s'achète des habits extravagants.

Ce jour-là, j'ai rendez-vous avec lui dans un café de son quartier. J'ai en face de moi Willy Wonka de *Charlie et la chocolaterie*, incarné au cinéma par Johnny Depp. Chemisier à jabot, long manteau en velours festonné de gros boutons argentés. Un chapeau haut de forme sur lequel sont posées deux petites horloges comme des lunettes d'aviateurs. Il a une canne à pommeau, les doigts pleins de bagues, dont une en forme de serpent, un pantalon à rayures. J'ai l'impression d'être entrée dans l'univers décalé et morbide du cinéaste Tim Burton. Il guette ma réaction, me regarde fixement :

— Tu n'aimes pas ?

Je prends des précautions oratoires.

— Eh bien, c'est un peu spécial.

— Moi j'aime bien… Tout le monde me regarde dans la rue… Les gens adorent.

— Ah bon ?

— Oui, il y en a qui me prennent en photo, croit-il fièrement.

Il achète toute une panoplie. Des pantalons rayés, des chemises et des chaussures bicolores de danseurs de tango argentin. Des vestes bariolées avec des têtes de mort et des chaînes sur les manches. Il est sonnaillant de partout. Sa longue silhouette frêle se courbe sous le poids de tout cet attirail. Il cherche le regard du passant, du serveur, persuadé qu'on le trouve génial et inventif. Je ne le contrarie pas. Dans le regard des passants, je ne vois pas la même chose que lui, mais je fais silence, même si tout crie en moi que ça ne me plaît pas.

Ce jour-là, contrariée, je pars nager à mon club de sport dont François m'avait offert le très cher droit d'entrée pour que nous y allions ensemble. L'endroit, dans le bois de Boulogne, est fréquenté par la grande bourgeoisie parisienne, par des vieilles dames qui claquent la porte au nez et quelques nouveaux riches souvent mal élevés. Dans les vestiaires, deux femmes discutent de leurs problèmes : « Que faire à Noël ? Aller voir Jean-Charles à Londres ou Daphné qui investit le chalet familial à Megève ? »

Dilemme…

Je décide de me divertir et de tendre une oreille curieuse, comme si je participais à leur conversation. J'apprends avec bonheur que le fils, ce Jean-Charles, travaille dans un fonds d'investissement à Londres. Il est très occupé et Bérénice, sa femme, fait tout pour lui rendre la vie agréable. Ainsi, Megève serait la meilleure solution pour qu'il se repose de son lourd labeur à *London*. En enfilant son jogging frappé aux armes du très *sélect* club, sa voisine s'extasie sur ce bonheur conjugal. Pour ne pas être en reste, elle s'émerveille à son tour de sa propre fille, Sixtine, qui finit HEC après avoir fait Sciences Po, et qui hésite à aller vivre aux États-Unis. Tiens, prends ça dans la vue ! New York, cocotte, c'est plus chic que *London* non ? Leur petite compétition m'amuse.

Mais un fou rire intérieur me prend en m'imaginant participer à la conversation :

— Allez les filles… À moi ! Mon fils se drogue, il se shoote aux champignons, va faire des *bad trip* dans les catacombes. Il est en train de rater ses études de cinéma. Il s'habille comme le *Joker* et fréquente assidûment les hôpitaux psychiatriques.

Faisant irruption dans leur conversation, j'imagine leurs têtes, leurs yeux écarquillés, leurs bouches pincées de dégoût ou leurs moues de compassion. Je pars nager, ravie de cette saynète imaginaire. Je suis partagée entre la moquerie et l'envie. L'envie que leurs enfants ne leur posent ni souci ni souffrance. Ni honte.

Chacun reprend le cours de sa vie… Mais la mienne n'est jamais tranquille. Un cauchemar veille toujours en moi, agrippé à mon esprit torturé et qui ne me quitte pas. Je ne peux passer un week-end ou des vacances sans imaginer la tuile qui va dégringoler du toit. J'ai immanquablement raison.

Arthur ne va en cours que lorsque bon lui semble. S'il est réveillé. Au gré de sa vie désorganisée. Un soir, je le vois arriver chez nous, maigre, l'œil tombant, le teint gris, longue silhouette dégingandée, mais il tient toujours un discours qui ne colle pas avec l'image :

— Je vais super bien.

Le carillon sonne faux. Je n'ose imaginer l'état de son appartement. Je pose des questions comme à mon habitude.

Les réponses sont vagues :

— Mais non, je te jure, ça va.

Avec François, notre relation ressemble à un bateau qui prend doucement l'eau. Est-ce l'embarcation qui coule ou moi ? Je m'éteins lentement, écrasée sous le poids d'une sournoise tourmente. La joie s'efface doucement. Elle n'est qu'un souvenir lointain. Seul le jardin et la forêt le week-end m'apportent une sérénité fragile.

L'explosion

Le prochain week-end, Arthur vient à la campagne. Je redoute sa venue, mais surtout la réaction de François qui ne sait pas comment communiquer avec lui. Le discours est moralisateur, inopérant. Il lui dit que « lui à son âge, il travaillait pour payer ses études à maths sup ». Il le trouve mou, le traite de « chiffe molle » et veut le bousculer, lui « donner des coups de pied au cul ». Il croit bien faire.

Évidemment, son discours tombe à plat. J'explique à François que sa méthode n'est peut-être pas la bonne et qu'elle date un peu, mais il s'énerve.

Pourtant, Arthur déploie des efforts pour se rendre agréable. Il met la table à la vitesse d'une limace. Il veut éplucher des carottes, mais tout s'échappe de ses mains. Je sens François se crisper, lever les yeux au ciel. Arthur me lance des regards inquiets et culpabilisés. Je l'encourage. Il sent l'air pesant, électrique, et repart prendre sa douche en attendant l'heure du déjeuner.

Je ne sais plus quoi faire, écartelée entre ces deux-là qui ne peuvent pas s'encadrer.

L'un est mon fils et il est malade. L'autre est l'homme qui partage ma vie, mais il ne comprend rien. Rien aux enfants, puisqu'il n'en a jamais eu, rien à l'amour maternel, rien à la maladie, à la drogue, rien à rien. Il me reproche de trop le couver, de lui passer ses moindres caprices. De lui couper les ongles car ses mains tremblent sous l'effet des médicaments. Il se met en colère devant tant de préventions et d'attentions. Celles que je ne lui donne plus à lui, peut-être. Je lui reproche à mon tour de s'occuper plus de son chien. La roue ne tourne plus rond. L'incompréhension la plus totale règne en maître. Je crains la réaction de l'un et de l'autre. Je suis au cœur d'un dilemme.

L'explosion a lieu. Arthur arrive à table avec les cheveux mouillés. Il a froid et rabat la capuche de son sweat sur la tête. Le visage de François se crispe, ses mâchoires se contractent, le rouge lui monte dans le cou. Nous y sommes. La colère réprimée se déchaîne, s'abat sur lui comme un orage en plein été.

— On ne met pas sa capuche quand on mange ! Et tiens-toi droit. On dirait une chiffe molle.

Arthur le regarde, serre les poings sur ses couverts, tape sur la table, ses lèvres tremblent :

— Je ne fais rien de bien, jamais. J'en ai marre de tes critiques.

Il jette ses couverts et part dans sa chambre. On reste là tous deux, silencieux. Moi, furieuse et abattue, mais je ne dis rien. Lui caresse son chien qui ne le quitte pas d'une semelle, même à table. Je le regarde le tripoter, lui essuyer ses yeux chassieux avec sa serviette. Je suis prise d'un dégoût. Calme, je me lève. Je monte faire mon sac et dis à Arthur de se préparer. Je franchis le seuil. Je ferme la porte de cette maison qui ne m'appartient pas et dans laquelle j'ai fait toute la décoration et le jardin. C'est chez lui et pourtant j'y ai vécu des années. Je referme la porte derrière moi et il ne reste rien. Ma vie était construite sur du sable et je ne le savais pas. Je pars. Sans un mot. Le silence pèse lourd. Me voilà partie avec mes baluchons et mon enfant en guise de fardeau. Je sais que notre vie ensemble touche à sa fin. Le choix s'est imposé à moi.

Nous rentrons à Paris, mais il est encore tôt. Avec Arthur, nous allons voir une expo. Chacun rentre chez soi. Je retourne dans l'appartement que je partage avec François resté à la campagne.

Les Hauts de Hurlevent

Noël arrive, les boules avec. Nous décidons de prendre de la distance avant que je prenne la ferme décision de quitter François. Il va passer le soir de Noël dans sa famille qui me colle le bourdon. Je veux échapper aux questions permanentes sur l'état de mon fils. Ces regards à la fois compatissants où transpirent la pitié et l'incompréhension. « La pauvre », pensent-ils en silence. Ils ne disent rien, mais je les entends.

Julie me propose d'aller passer le réveillon du nouvel an chez une amie qui possède une vieille et immense bâtisse sur une île de l'archipel de Chausey, au nord de la baie du mont Saint-Michel. Nous sommes une dizaine, mais je ne connais presque personne. Nous partons avec ma voiture jusqu'à l'embarcadère de Granville. On trimbale le saumon et une partie du dîner de fêtes. La navette, sur une mer un peu agitée, vert-de-gris, nous dépose sur l'île qui a des airs des *Hauts de Hurlevent*. Le paysage est sauvage et hostile comme la lande anglaise. Les roches, quand elles ne sont pas recouvertes par la mer, surgissent avec des formes aiguisées et tordues que l'on pourrait confondre avec des gargouilles.

L'endroit est granitique, sublime et inquiétant à cette période de l'année.

Dans la maison, le vent frappe contre les murs épais, les gouttes d'eau créées par l'humidité ruissellent sur les parois. Un faible feu donne un peu de chaleur à nos corps de Parisiens engourdis. Nous sommes tous agglutinés autour. On m'installe dans une chambre confortable mais froide, humide et un peu austère. Il faut longer un couloir glacial pour rejoindre le grand salon. Je ne suis pas à l'aise. La gorge me serre. Je me raisonne en me disant que ce lieu m'est inhabituel, que les hôtes ne me sont pas familiers malgré leur gentillesse. Le malaise persiste. Avec la fraîcheur qui règne ici, personne ne s'est mis sur son trente et un. Nous sommes tous emmitouflés de gros pull-overs. Je ressemble à un guide de haute montagne.

La journée, quand le soleil pointe, l'île est enchanteresse malgré le sentiment étrange de solitude qui règne sur la lande ventée et le reflet glacé de la mer lointaine, retirée par la marée. Personne ne vient en hiver et il n'y a qu'un bateau, deux fois par semaine pour rejoindre le continent. Les balades sont vivifiantes. Les narines face à la mer, je respire et me pose sur un rocher en décrochant les petits coquillages noirs que je rejette à l'eau. Je respire. Enfin. Un timide et doux soleil réchauffe mes joues rosées par le vent qui claque. Mais le malaise est encore là. Il s'agrippe.

Le soir du réveillon, tout le monde s'agite pour préparer le dîner. J'ai l'impression que je ne sers à rien. Chacun s'affaire, mais je me sens dépassée, inutile. J'essaie d'appeler Arthur. Il ne répond pas. Depuis quelques jours, il m'en veut car je refuse de lui donner autant d'argent qu'il en réclame. Évidemment, il a puisé dans son prêt et a tout dépensé, mais je ne le sais pas encore. Il ne répond pas ce soir et je pressens encore une catastrophe. Mon corps entier me donne le signal d'un danger, quand mon esprit rationnel m'invite à calmer mon anxiété qui grandit chaque minute. Je le rappelle. Il finit par décrocher, mais sa voix est sombre. Le son est faible. Il est agressif dans ses propos, sans raison.

Rien de tangible, mais mon mal-être persiste. Je sens une pression sur mon thorax, ma gorge se serre, j'ai la bouche sèche. Mon intuition ne me trompe jamais et je le sais. J'essaie de terrasser mon angoisse et de me raisonner, mais, comme une acharnée, elle s'accroche à moi. J'appelle son père qui ne répond pas. Devant mon anxiété qu'elle partage, Julie me voyant perdue me dit :

— Je peux appeler son père, si tu veux.

— Oui, c'est une bonne idée.

Il décroche.

— Bonsoir, je suis Julie, l'amie de votre ex-femme. Avez-vous des nouvelles d'Arthur ? Sa mère et moi nous nous inquiétons. Votre fils n'a pas l'air d'aller bien et il est tout seul à Paris.

— Je ne peux pas vous parler, je vais écouter les vœux du président de la République. Rappelez-moi plus tard.

Sec, il raccroche.

— Il est vraiment très spécial, ton ex-mari, constate-t-elle, énervée.

Il ne répondra pas aux appels suivants. Je lâche prise et me dis que je vais me débrouiller toute seule, comme souvent.

Je tente de rappeler Arthur, mais le téléphone ne passe que dans quelques endroits où je suis obligée de me contorsionner contre le rebord de la fenêtre glacée, par laquelle le vent siffle entre les fissures.

J'essaie de participer aux blagues et aux festivités, mais je ne me sens pas bien. Ma vieille amie, l'inquiétude, déploie ses tentacules jusqu'à enserrer tout mon corps. Je pressens quelque chose que je ne peux nommer. On me demande gentiment :

— Ça va ?

— Oui oui, ça va.

Non ça ne va pas.

Les invités sont gais. Ils chantent et s'agitent autour du feu. C'est un réveillon joyeux. La musique résonne, les blagues fusent. Je regarde passer les flûtes de champagne et les mots, les phrases prononcées arrivent jusqu'à moi dans le désordre. Je saisis des bribes, mais rien de cohérent. Un épais brouillard mental m'entoure.

Je m'éclipse souvent pour appeler Arthur que je trouvais agité au téléphone la dernière fois que je lui avais parlé.

Il décroche à nouveau. Sa voix est bizarre. Empâtée.

— Je ne me sens pas bien, finit-il par lâcher.

Haletante, je lui demande ce qui lui arrive. Il me dit qu'il s'est battu avec Adrien, l'horrible garçon au regard torve. Comment cela « battu » ?

— Je l'ai hébergé chez moi… Mais, depuis quelques jours, ça se passait mal. Je crois qu'il est fou. Il me fait peur. Il ne voulait pas partir. J'ai menacé d'appeler la police et il est parti, mais avant, on en est venu aux mains.

Je le sens dériver au téléphone. Il a pris beaucoup de médicaments.

— Qu'as-tu pris ?

Il me fait la liste d'anxiolytiques qu'il a ingurgités. Des boîtes entières et des mélanges.

Je suis en proie à la panique. Je me confie à Julie :

— Je ne sais pas quoi faire !

Elle prend l'initiative de rappeler le père d'Arthur qui ne me répond toujours pas. Elle lui laisse un message pour le prévenir que son fils est au plus mal. Aucune réaction. Aucun appel.

Je me retire dans ma chambre pour respirer et me calmer. Je voudrais partir d'ici, mais je suis coincée sur cette île.

Il est l'heure de passer à table. Je m'assois, mais je ne peux rien manger. Je regarde le saumon fumé que j'ai trimbalé sous le bras. Il me fait horreur. Je vois passer les plats. Le foie gras. Tous les mets délicieux me passent sous le nez en me donnant la nausée. Je suis nouée, mes veines gonflent, prêtes à éclater, et battent contre mes tempes. Ma tête tambourine, mon souffle est court. L'idée d'être coincée sur cette île augmente mon anxiété.

Je tente d'être urbaine, de faire semblant. Je tente une blague qui tombe à plat parce que j'ai parlé si bas que personne ne m'a entendue. Je suis devenue transparente. Un spectre douloureux qui se débat avec l'angoisse. Julie a résumé la situation à ses amis, mais, à l'exception de l'hôte, personne ne me demande rien, par gêne ou par pudeur. On me regarde du coin de l'œil. Parfois un vague sourire de compassion affleure, mais la rigolade générale reprend et je suis ailleurs. Les rires et les paroles s'envolent dans un brouhaha dont je n'ai aucun souvenir. J'entends du bruit, mais ne perçois aucune conversation. Je fais semblant de sourire et de rire aux histoires qui m'ont échappé. Emmitouflée dans ma couche de pull-overs, je suis au fond de ma chaise, tassée comme si j'étais invertébrée. J'essaie de me mettre dans le coup. Fais des efforts. Mais l'angoisse revient comme une vague sur le sable. Comment tenir encore une nuit et une demi-journée ? Reprendre le bateau. Puis la voiture pour rejoindre Paris. J'hésite à envoyer les pompiers chez Arthur. Mon intuition est devenue avec le temps mon alliée. Je ne le fais pas. Je sens qu'il peut attendre mon retour. Je prends ce pari risqué.

La nuit est une torture et le matin une aube bien lourde. Les rires me sont insupportables. L'insouciance des autres est un poignard qui ravive la douleur d'être à ce moment impuissante et seule, enfermée dans mes affres. J'ai honte. Honte d'être ce poids mort devant cette légèreté qui m'entoure. J'attends avec une vive et brûlante impatience l'heure de prendre le bateau qui me ramènera inexorablement à mon fardeau.

La mer est toujours agitée et les vagues soulèvent mon cœur abîmé. Je m'écarte du groupe heureux et je regarde s'éloigner les *Hauts de Hurlevent* avec soulagement, mais l'embarcation me rapproche des tortures qui me guettent comme de sombres corbeaux. La traversée me paraît une éternité. J'ai peur d'être malade et sors de la cabine. Le vent fouette mon visage tourmenté. Une femme du groupe s'approche de moi et, dans un élan de culpabilité, je lui lance dépitée :

— J'espère que je ne vous ai pas gâché votre réveillon.

— Tu sais, ça ne nous a pas impactés, me répond-elle.

Elle me fait un vague sourire et retourne à l'intérieur. Arrivée sur le parking, je reprends ma voiture avec mon amie et un garçon du groupe. C'est lui qui propose de conduire. Sur le chemin, Arthur m'appelle toutes les vingt minutes pour me demander quand j'arrive à Paris. Il n'a plus la notion du temps. Il tend le bras, comme le naufragé attend le sauveteur. La voix est pâteuse, le propos incohérent. Il a pris beaucoup de médicaments et sans doute de la drogue. Jamais aucun voyage ne m'a paru un si long calvaire. Je compte les kilomètres et les panneaux « Paris ».

Je dépose mes amis et reprends le volant direction Saint-Lazare. J'arrive dans l'appartement qui n'est que destruction, comme vandalisé. Le lit est défoncé, les lattes sont cassées. C'est un tragique foutoir qui règne ici. Une bataille semble avoir eu lieu.

— Je me suis battu avec Adrien, pour me défendre j'ai dû prendre un couteau. Je l'ai menacé d'appeler la police. Il est fou.

— Et c'est maintenant que tu t'en rends compte. Pourquoi l'as-tu hébergé chez toi ? Tu sais bien que ce garçon va de travers.

Je rassemble quelques affaires. Au passage, j'écrase des boîtes de médicaments sous mes pieds chancelants. Je lui passe son bras sur mon épaule. Il marche difficilement et de travers. Je le soutiens physiquement, je trébuche parfois sous le poids, même si son corps est frêle. Pour qu'il ne tombe pas, je lui parle. J'essaie de savoir ce qu'il a pris.

— Arthur, dis-moi ce que tu as pris.

— Des anxiolytiques, des neuroleptiques, enfin plein de trucs, je m'en souviens plus… Du cannabis aussi et de la cocaïne. C'est pour ça qu'il est venu chez moi. Comme il touche une allocation adultes handicapés, je le logeais et il achetait la came en échange, avoue-t-il.

L'urgence est de le ramener chez moi. Je veux lui éviter Sainte-Anne encore une fois. François est rentré. On l'installe sur un matelas dans son bureau. Sur le chemin du retour, une amie m'avait donné le numéro d'un psychiatre présent à Paris en ces périodes de fêtes. Nous avons rendez-vous le lendemain. Je couche Arthur et lui fais boire de l'eau en quantité pour qu'il élimine tout ce qu'il a pris. Il s'endort sur-le-champ. La nuit, je me relève pour vérifier qu'il respire. L'inquiétude me tenaille avec ses petits crocs empoisonnés et m'empêche de dormir. Le lendemain, Arthur est encore vaporeux. Je n'ai pas dormi, mais la fatigue est emballée dans un petit sac que j'ouvrirai plus tard.

Nous arrivons chez le psychiatre. J'assiste au rendez-vous, car Arthur a du mal à parler. Il fait la liste de ce qu'il a pris. Cocaïne, LSD, MDMA, drogues de synthèse. L'heure n'est pas à la psychanalyse, mais à l'urgence :

— Il faut l'hospitaliser, dit le psychiatre.

— Oui, je sais, mais pas à Sainte-Anne… Il faudrait qu'il retourne à la clinique en région parisienne.

Il appelle et joint la femme à l'élastique qui le suit. Il y a une place qui l'attend le lendemain.

Dans la rue, je le vois soudain prendre son air piteux, honteux, douloureux. Que va-t-il m'annoncer ?

— Il y a quelque chose que je voudrais te dire.

Il hésite, baisse la tête :

— Je t'ai volé ta montre… Celle que tu adores avec des diamants. Je l'ai vendue.

Il m'a volé ma montre ! Un cadeau d'un amoureux qui ne s'était pas moqué de moi. Je m'arrête sur un banc. Mes jambes ne me portent plus. Je le regarde interloquée. Lui baisse la tête, s'assoit à côté de moi et me prend la main que je retire aussitôt. Je bafouille. Je n'y crois pas. Il l'a vendue. Ce n'est pas tout.

— J'ai volé grand-père.

Des médailles du Bon Dieu, des colliers appartenant à sa femme, la bigote. Je suis plantée au milieu de la rue, assise sur ce banc, la bouche ouverte. Je ne réagis pas, il me faut quelques secondes avant que la colère ne sorte. Mais elle est toute molle. Elle n'a plus de force, de puissance. Profitant de mon K.-O, il continue ses aveux. Le torrent impétueux déverse ses détritus, ses méfaits comme s'il était à confesse. À la clinique où il avait déjà séjourné, une femme de 50 ans, hospitalisée pour une grave dépression, l'avait pris en affection et lui prodiguait des conseils comme peut le faire une mère. Elle s'appelait Annie. Elle était perdue, en vrac, mais gentille.

— J'ai volé l'ordinateur de sa fille. Un soir, je l'ai appelée pour savoir si je pouvais passer la voir chez elle. Elle m'a répondu qu'elle serait heureuse de me voir. En allant aux toilettes, je suis rentrée dans la chambre de sa fille qui était absente et j'ai volé son ordinateur que j'ai mis dans mon sac à dos.

Assommée, je regarde Arthur. Cet enfant. Comment est-ce possible ? Ses yeux sont mouillés de honte. Les miens de chagrin. Pourquoi m'avoue-t-il cela maintenant ?

Il se lève, marche, je le suis. Il a la tête baissée, puis, fatigué, il s'assoit sur le banc suivant. Il est anéanti par ses révélations dont il semble soudainement prendre conscience.

— C'est horrible ce que j'ai fait… Je m'en veux terriblement… Tu sais bien que ça ne me ressemble pas… Je ne comprends pas. Comment j'ai pu faire ça ?

Je le rejoins, accablée. Je ne parle pas pendant un long moment, terrassée.

— Comment as-tu pu faire une chose pareille… ? Comment as-tu eu le cœur assez accroché pour voler cette pauvre femme qui t'a tendu la main ? Et ma montre ? Voler ta mère ! Quelle déchéance ! dis-je sur un ton à peine audible.

Je le sens à la dérive et honteux. Il est le spectateur impuissant de sa déchéance.

Il me répond que tout cela a été entrepris par l'horrible Adrien. Le garçon au regard de diable.

— C'est pas moi… C'est Adrien qui m'a forcé.

La colère m'envahit alors. Contenue un moment, elle jaillit soudain. Je la sens monter le long de ma poitrine. Mon cœur bombarde et s'accélère. Mon visage s'embrase. La colère va exploser.

— Mais enfin ! Pourquoi une telle faiblesse… ? Tu as perdu toute dignité, toute notion de toi-même à ce point pour suivre ce malade mental ?

— C'est lui qui m'a dit de faire tout ça pour qu'on puisse acheter de la cocaïne. Il connaît toutes les combines pour revendre ce qu'on a volé.

Il croit se disculper trop facilement.

— Mais comment être aussi inconstant ? Pourquoi écouter bêtement, docilement ?

Et ça va crescendo.

— Et s'il te dit de braquer une banque, tu y vas ?

— Ben il voulait qu'on braque une banque, mais je lui ai dit qu'il était fou. C'est pour ça qu'on s'est battu.

— Qu'il était fou ? Quelle lucidité ! lui dis-je d'un rire mauvais. J'appelle ça de la lâcheté, Arthur. Tu n'as aucune excuse. Tu suis ce garçon dans un trou noir. Tu ne peux pas ainsi te désengager de toute responsabilité. C'est ta faute. Pas la sienne… Tu es un garçon intelligent. Pourquoi une telle destruction ?

Je bouillonne de colère, de tristesse et d'incompréhension.

Je le regarde avec un mélange de fureur et de pitié.

J'appelle la mère d'Adrien et lui fais le récit détaillé des aveux d'Arthur.

D'une voix lasse, elle me dit :

— Je ne veux plus voir mon fils... Je ne peux plus. Je ne peux plus rien pour lui... Vous comprenez maintenant pourquoi je ne peux plus m'occuper de lui.

Arthur m'avoue qu'Adrien bat sa mère lorsqu'il a des crises. Cette femme élégante et bourgeoise cache cet épouvantable secret. Elle a abandonné. Je ne la juge pas.

Retour vers le futur

Retour à la clinique où sévit la femme à l'élastique. Il va y rester quelques semaines, le temps de se retaper. La même clinique qui, dans la splendeur de sa brochure, promet « le traitement des addictions, des dépendances au cannabis, à l'alcool et autres pathologies ». La première fois qu'il y était allé après Sainte-Anne, il était trop fatigué pour faire une quelconque activité. Mais cette fois, je m'intéresse à ce qui est proposé.

Salle de gym, ateliers, musicologie. Gymnastique.

En vérité, rien de tout cela. La salle de gym est un petit réduit avec trois haltères, un vélo de salle rouillé. Il est interdit d'y aller quand un prof n'est pas là. Mais il n'y a jamais de prof. Il n'existe que dans la brochure. Des cours de méditation sont annoncés. Mais le cours n'a jamais lieu.

Les patients n'ont comme activité que celle de n'en avoir aucune. Ils tournent en rond. La cigarette est une compagne permanente. Dans le jardin, les cendriers débordent. Certains sont en groupe et discutent comme s'ils étaient amis depuis des lustres, d'autres sont seuls, l'œil bas, le dos voûté avec un regard qui part dans le vide. Le malheur et la tristesse transpirent. Chaque matin, les patients font la queue pour voir le psychiatre au pied de l'escalier du bâtiment principal. On fait le point sur les médicaments et l'humeur du matin. Bien sûr, le lieu est agréable, mais pour 300 ou 400 euros par jour, il n'y a que le décor qui change avec des rosiers bien taillés. Ici, il semble que l'on ne guérisse pas mieux qu'ailleurs. On vient se reposer, calmer une dépression ou un burn-out, peut-être guérir, mais cela n'est pas garanti. Pas de thérapie. Des médicaments. Les psychiatres s'en donnent à cœur joie dans l'écriture de leurs prescriptions. Je jette un regard effrayé à son traitement. De quoi assommer l'armée de Bonaparte pendant la campagne d'Égypte. J'appelle le médecin à l'élastique et lui fais part de mon étonnement. Elle me répond que c'est le traitement classique. Je n'ai pas d'arguments à lui opposer. Je ne suis pas psychiatre. Je lui réclame un diagnostic. Elle est vague, indécise, pour finalement se révéler ignorante.

« Arthur est devenu intolérant au cannabis et aux drogues, son cerveau réagit violemment » sera sa seule explication. Il me semble l'avoir déjà compris. Mais comment l'aider ?

Elle ne sait rien, elle patauge. Je la questionne sur la promesse de la clinique de traiter les addictions. Elle me répond :

— Il n'existe pas de traitement comme il en existe pour l'alcool.

— Et la psychothérapie ?

— Je le vois chaque matin…

— Oui, mais est-ce un travail de psychothérapie au long cours ?

— Non, bien sûr, mais nous parlons.

Et elle ajoute :

— Seule la volonté d'Arthur de s'en sortir pourra l'aider.

— Mais c'est justement ce dont il manque !

— Oui, je sais bien. Pour l'instant, les médicaments sont la seule solution. Votre fils est dans le déni.

Elle est perdue dans ses élastiques. Je lâche prise, je n'en tirerai rien.

Je demande à Arthur comment il se sent avec tous ces médicaments. Il me répond :

— Un peu abruti…

— Et ta psychiatre, tu l'aimes bien ?

— Bof.

Me voilà bien avancée. Je comprends soudain que l'on ne progresse pas d'un pouce. La clinique sert d'hôtel trois étoiles médicalisé. Un traitement de cheval qui abrutit, la télévision dans la chambre, le tour du parc, un entretien médical routinier, entre deux portes. Ici, c'est l'usine. Ce ne sont pas des boulons qu'on assemble chaque jour, mais des colliers de pilules que mécaniquement l'on met dans le bec avec la bénédiction des labos pharmaceutiques. Et, le lendemain, on recommence. On ne règle rien. On ne comprend rien. Peu importe. Faire semblant. Croire que le temps passé à la clinique réglera le problème. Et puis, soudain, un jour, le médecin dit au patient : « Lève-toi et pars ! » Car il faut faire de la place. Besoin de lits. De portefeuilles frais. Le profit est la priorité.

Ce surplace me pèse. On me parle d'un psychiatre à Sainte-Anne très pointu sur les addictions. Je demande à la clinique une permission pour Arthur.

Nous voilà repartis à Sainte-Anne où de mauvais souvenirs émergent. Ses longs couloirs grisâtres, cette odeur de maladie, de poisse, de renfermé, ce linoléum taché et ces sièges en simili… Ce décor me fait horreur et me soulève le cœur. Le psychiatre est sympathique. Je mets mes nouveaux espoirs entre ses mains. Il est persuadé qu'Arthur souffre de troubles de l'attention. La chose à la mode : TDAH (Trouble de l'attention et de l'hyperactivité). Je ne trouve pas que cet enfant est hyperactif mais plutôt hypoactif. En clair, amorphe lorsqu'il ne met pas son énergie au service de sa propre destruction. Il me répond que l'hyperactivité du cerveau peut rendre passif. Pourquoi pas ? Pour s'en assurer, il faut faire des examens chez une spécialiste.

— Merci Docteur, je vous dois combien ?

— Deux cents euros.

— Et pour le test, c'est combien ?

— Trois cents euros.

L'on m'aurait annoncé un million que je n'ai pas, je n'aurais pas bronché et aurais dégainé le portefeuille aussi vite que Clint Eastwood son colt. Mon espoir peut bien me coûter un bras, une jambe, mon foie ou mes reins, mon compte en banque sur lequel il n'y a rien d'autre que mon salaire… Je suis prête à tout. Même à m'endetter.

Le test est passé quelques jours plus tard.

Confirmation du diagnostic. Arthur explose les cadrans. Il est TDAH. « Sévérité du trouble : 9/9. Aggravé par impulsivité et recherche de sensations. » Rien d'étonnant en vérité. Nous retournons chez le médecin de Sainte-Anne avec le diagnostic. Il lui a prescrit de la Ritaline. Arthur croit lui aussi avoir trouvé le Graal. La solution à son mal. Il est persuadé que c'est ça qui le ronge, ses pensées qui vont à toute allure. Son incapacité à se concentrer. Tout converge vers ce diagnostic. Une sorte de libération m'envahit.

De retour à la clinique, la femme à l'élastique pataugé encore sur ce trouble qu'elle connaît mal et appelle le psy de Sainte-Anne pour un briefing. Le traitement est validé, mais la clinique reçoit le médicament une longue semaine plus tard.

Je n'ai jamais mis autant d'espoir dans un médicament.

Le dévoreur

J'annonce à Arthur que je vais rendre son appartement de Saint-Lazare : je ne peux pas continuer à payer un loyer. Il est évident qu'il ne peut pas vivre seul et qu'il est illusoire de garder ce logement en attendant une amélioration de son état.

— Arthur, il faut qu'on libère ton appartement. Il est évident que tu ne peux pas vivre seul.

Je crains sa réaction.

— Non, c'est chez moi, je veux y retourner !

— Il faut voir les choses en face, tu en es incapable. On ne va pas payer indéfiniment un loyer, dis-je fermement.

J'ai besoin de lui pour trier ses affaires. La clinique lui donne une permission et je viens l'y chercher. Ce jour-là, il a mis sa veste avec des chaînes et des têtes de mort. C'est un jour de sortie après tout. Le pantalon à rayures se dispute avec les couleurs de la veste bariolée, mais qu'importe. Je ne dis rien. Ni n'approuve ni ne critique. Je la ferme, car il cherche à provoquer. Je le sens nerveux. Arrivés dans l'appartement, l'épuisement a déjà pris possession de moi. C'est une montagne de saleté, de désordre. Rien n'est à sa place. Le courrier n'est pas ouvert et jonche le parquet, les médicaments sont étalés partout, sortis de leurs boîtes, ou écrasés par terre. Je m'y attelle, mais il ne veut rien jeter. Je demande :

— Où est ta box Internet ?

— J'en sais rien, répond-il de très mauvaise humeur.

Je soulève des montagnes d'habits et découvre la box couverte de poussière.

— Je ne veux pas rendre l'appartement. C'est chez moi.

— Arthur, enfin tu sais bien que tu ne peux pas vivre ici tout seul.

— Si je peux.

Je commence à ranger, mais il me prend les affaires des mains.

Je perds patience. En vérité, il ne veut pas rendre cet appartement qui est le témoin de son incapacité, son échec à gérer seul sa vie. Cela lui est insupportable et il va déverser sa colère sur moi. Je vois à son regard qu'il va mal. Je sens la rivière de colère gonfler, enfler, puis jaillir comme un torrent furieux. Son regard se fait mauvais. Le menton baissé, les sourcils relevés et froncés, il me fixe. Sa peau devient blanche. Ses lèvres tremblent. Sa furie s'abat sur moi. Toute la colère qu'il ne peut exprimer à d'autres ni à lui-même est là, présente, palpable, infernale. Les injures fusent comme des éclairs dans un ciel noir. Je serre les poings. Je me dis qu'il est malade, que ce n'est pas lui mais « le dévoreur » qui est à l'œuvre. Ce n'est pas Arthur, l'enfant doux, drôle, pacifique. Lui qu'on imagine avec une marguerite au coin de la bouche.

Je lui intime l'ordre de se calmer. Rien de pire que de demander à quelqu'un d'énervé de se calmer. Sa colère s'intensifie. Je sors sur le palier pour ne pas m'énerver à mon tour. Je respire et attends que la tempête s'échoue... Qu'elle arrive à épuisement.

Je rentre à nouveau dans l'appartement. Son regard me fixe. Il est recroquevillé dans un coin, comme une araignée. Je lui demande de continuer le tri et le rangement, mais il ne veut rien faire. Je range seule, mais il bondit alors, agile comme une panthère : « Non ! Touche pas à ça ! »

C'est un objet sans importance dont je ne me souviens plus. Je sens que je n'arriverai à rien. Pourtant, il faut vider l'appartement.

C'est à ce moment qu'il m'insulte à nouveau, l'écume aux coins des lèvres :

— Tu veux m'enfermer, c'est toi la malade. Je te déteste. Je te détruirai.

À bout, je lui donne une gifle qui part sans mon consentement. Je le regrette aussitôt, mais sa colère redouble. Il m'insulte encore et me lance avec un regard noir de furie :

— Tu es une folle et, quand j'étais petit, tu m'as tripoté. Je vais le dire à tout le monde.

Je vacille. Je comprends à ce moment l'ampleur du désastre. L'ampleur de cette folie qui le possède. Il appelle sa sœur et lui raconte que je l'ai tapé et qu'il saigne. Il veut faire mal. Me faire mal. Veut-il peser, soupeser l'amour que je lui porte, au poids des larmes qu'il me fait verser ? Veut-il voir jusqu'où il peut aller pour qu'il ne soit plus digne d'être aimé ? Sa colère s'abat-elle sur moi parce qu'il n'ose la diriger contre son père ? Alors, il dévie la trajectoire de la flèche qu'il me plante en plein cœur ?

Est-ce un cauchemar ? Et si c'était moi qui devenais folle ? Folle de douleur ?

En un instant, j'ai le choix entre l'effondrement et la colère. Je choisis la colère froide. Je lui demande de rentrer à la clinique seul, je ne le raccompagnerai pas. Je prends le risque qu'il ne rentre pas. Je lui tends un billet de 20 euros et lui ordonne de s'en aller. À son attitude, je sens qu'une partie de lui regrette ses paroles, mais son regard reste sombre et lourd. Le dos courbé, il s'en va. Je suis adossée au mur. Je me laisse glisser doucement, car mes jambes ne me soutiennent plus. Je suis à terre. Vaincue. Sa folie a tout emporté. Mon menton tremble, ma gorge me brûle, ma bouche se tord. Roulée en boule au sol, j'inonde le parquet de larmes amères.

Je reste inerte une longue heure, en état de choc. Depuis sa première bouffée délirante, je n'avais pas ou peu revu le dévoreur, le chacal en lui. Je range l'appartement, mets toutes ses affaires dans les cartons que j'avais apportés. Dehors, le ciel s'assombrit, la nuit va apparaître.

J'appelle la clinique pour m'assurer qu'Arthur est bien rentré.

Je repars à moitié soulagée. La douleur et le chagrin me consument. Je n'ai pas la force de raconter cette scène à François avec qui je cohabite encore.

Cette fois il est allé trop loin. Je décide de m'éloigner de lui, de sa folie. Je ne peux plus absorber sa violence, même si mon amour pour lui est indestructible. Après quelques jours de silence, il tente de m'appeler. Je ne décroche pas. La boutique *Maman* est fermée. Il s'entête. Sonne encore. Je me fais violence pour ne pas répondre. Trois semaines plus tard, il m'envoie ses excuses. Le dévoreur s'est éloigné, mais je crains qu'il ne réapparaisse. Je suis craintive comme une biche blessée. Je m'approche à pas lents et n'ose le prendre dans mes bras lorsque je reviens vers lui. Il sent ma réticence. Je perçois sa culpabilité et sa souffrance. Je suis impuissante face à son mal. Et je l'aime tant.

Quelques semaines plus tard, le naufragé reprend vie comme à chaque fois, et un sentiment en moi m'assure que cette brindille a en lui la puissance d'un grand arbre. Son visage se remplit, ses joues deviennent plus rondes, ses yeux scintillent à nouveau d'une lueur vaillante. Je voudrais le sauver de l'emprise et du mal qui le poussent au fond du gouffre. Je me surprends certains soirs à prier. J'invoque tous les saints, Dieu, son fils, sa mère, la Trinité, je fais des neuvaines, allume des bougies, entre dans des chapelles, les églises et les cathédrales, partout où Dieu s'abrite.

Je suis une toupie en prière. Je lui apporte des bondieuseries, des médailles. J'appelle des guérisseurs. Je suis ridicule. Mais je veux mettre toute ma force à le réparer.

Pendant ce temps, il écrit des poèmes.

Beaux, intenses, poignants. Il a du talent. Sa rage, ses écorchures, son mal, sa déchéance dont il est le témoin consentant. Il demande son carnet maudit dans lequel il avait déballé toute la noirceur de son âme. Je l'avais trouvé chez lui la première fois qu'il avait pris des champignons hallucinogènes. Des mots terribles, des dessins effrayants, des invocations maléfiques. Bizarrement, ce carnet n'a jamais disparu, il l'a suivi partout. J'aurais voulu le jeter, mais j'y ai renoncé. C'est une partie de lui dont je ne peux le priver ni en effacer la noirceur. Je lui apporte, en espérant qu'il le perde. Il est encore chez moi aujourd'hui. Je ne l'ai plus jamais ouvert, comme si le diable était enfermé à l'intérieur. Il dort… Ne le réveillons pas!

Passer ses examens

Il a redoublé une année dans son école de cinéma. Il y est allé par ellipses. Le temps des examens a sonné. J'appelle la directrice de l'école et lui expose le problème.

— Oui, je comprends, me répond-elle d'une voix rauque. Nous avons quelques élèves dans ce cas.

Je la sens compréhensive.

Je raccroche et appelle la femme à l'élastique. Je lui demande de signer des permissions pour qu'il puisse aller passer ses épreuves. Elle accepte.

Lentement, le mal s'est immiscé dans ma vie et a creusé son triste sillon. Mon couple a coulé au fond de la mer. Je ne vois plus aucune issue. Je sais que je dois partir, trouver un appartement, déménager, mais je ne trouve pas la force d'agir. Nous sommes tous les deux comme deux colocs. Heureusement, nous discutons de politique, d'économie, d'histoire, de choses qui m'importent peu. Nous avons gardé une complicité intellectuelle, mais nous ne soulevons aucun autre sujet. Nous ne nous disputons pas. Nous cohabitons.

Le week-end, je n'arrive pas à me lever. Je traîne en pyjama tard, je bois mon café dans mon lit en regardant le plafond, quand François est, comme à son habitude, dans son bureau à travailler. Je sombre dans le mutisme.

— Viens te promener avec Fersen en forêt, ça te fera du bien.

— Non merci, je vais rester là, je suis fatiguée.

L'après-midi, je m'endors au coin du feu ou je regarde des documentaires animaliers. Mes pensées vont au ralenti. Lui va promener son chien en forêt. Ma vie se détricote, elle ressemble à un radeau perdu qui dérive sur une mer trop calme. Je n'ai plus ni force ni envie. Je peins parfois là-haut dans mon grenier, mais je n'y arrive plus. Je déchire rageusement les toiles. Alors je cuisine. L'ennui tricote ses napperons.

J'ai laissé tomber le potager. Les mauvaises herbes ont tapissé la terre. Elles ont tout envahi. Tant pis. La force s'acharne à m'abandonner. Retour à Paris après un week-end végétatif.

Le corps parle

Une semaine plus tard, je rentre un soir épuisée. François est revenu de la campagne et nous cohabitons l'un à côté de l'autre comme deux gisants. Je me laisse tomber sur le canapé. Je n'ai pas faim. Il m'apporte un morceau de chocolat. Impossible de parler et je n'arrive pas à le mettre dans la bouche, mes doigts ne la trouvent pas. Mes gestes sont désorganisés. Désynchronisés. Cela dure quelques secondes. J'appelle un médecin qui m'ordonne de filer aux urgences. J'ai probablement fait un accident ischémique transitoire. En clair, un mini AVC.

Je reste vaseuse quelques jours. Reprenant des forces, la décision s'impose à moi. Il faut que je parte, que je quitte l'homme qui partage ma vie. Une vie qui ne va plus. Une vie rétrécie.

Mon amie Julie me conseille d'acheter un appartement, mais je n'ai pas le moindre argent de côté. Elle me met en contact avec son banquier, un jeune homme pour qui le mot « impossible » n'existe pas. Il m'assure que je peux faire un prêt sur vingt ans.

— Allez ma vieille, secoue-toi… Achète ton appart. Tu ne crois pas qu'à cinquante balais tu devrais avoir un toit sur la tête ?

— Mais j'ai pas d'argent de côté…

— Et moi, j'ai fait comment ? Tu empruntes comme tout le monde et tu arrêtes de pleurnicher.

Elle a raison. Mais toute initiative pèse une tonne. J'ai mis toute ma force à vouloir sauver mon fils et j'ai échoué. Seule cette force était mobilisable. Je n'ai plus de réserves en stock.

Le nouveau départ

Je me mets pourtant en quête. Je visite des appartements. Des moches, trop petits, trop sombres ou trop chers. Je me décourage. Puis, miraculeusement, je trouve le nid qui m'attend, clair et ensoleillé. Je signe le compromis de vente puis l'achat quelques semaines plus tard. Et c'est à ce moment-là que le destin professionnel m'offre le Graal. Quelques semaines auparavant, j'avais demandé une interview du président de la République en déplacement en Afrique pour un sommet international. J'y croyais mollement, mais je n'avais rien à perdre à faire la demande. Le téléphone sonne à 21 heures. C'est l'Élysée. Le président a donné son accord. Mon cœur joue du tam-tam. Le lendemain, je dois courir chez le notaire et l'interview a lieu en Côte d'Ivoire dans trois jours.

Je me dédouble, je suis partout en même temps, la sueur au front en plein hiver. Les démarches s'accumulent et prennent tout mon temps précieux. Je dois travailler cette interview pour éviter d'avoir l'air d'une cruche devant le président. Je travaille comme une acharnée tard le soir. J'ingurgite trois piles de documentation sur l'actualité internationale, les sujets diplomatiques.

J'oublie pour un temps mon fardeau qui roupille dans sa clinique. Et voilà que ma vie s'épice, me réveillant de ma torpeur. Du piment dans un plat de chou-fleur cuit à la vapeur.

Je pars en Côte d'Ivoire. Nous sommes accueillis à l'ambassade de France pour l'entretien. L'air est chaud, humide, mes vêtements collent à ma peau. Pas un souffle d'air et pourtant je respire. Le trac me saisit, mais cette petite poussée d'adrénaline me donne des couleurs.

— Bonsoir Monsieur le Président.

— Bonsoir, je suis désolé de mon retard. Allons-y. La chancelière allemande m'attend dans une vingtaine de minutes.

Le temps de faire quelques réglages et l'interview commence.

Seule tache à ce beau tableau, la maquilleuse locale m'avait maquillée comme une meneuse du Crazy Horse. Un bleu irisé sur les paupières, du plus mauvais effet, me fait pousser des cris d'horreur à la rediffusion, mais je n'y avais pas pris garde, trop concentrée sur mes questions. Heureusement, l'interview s'est bien passée. Christophe, mon co-intervieweur, et toute l'équipe repartons satisfaits sous les félicitations de la direction.

À Paris m'attendent la grisaille et mon déménagement. Et devinez qui ?

Pas de répit, pas de pitié pour les sprinters. Quelques jours plus tard, les déménageurs débarquent comme les Huns. L'appartement ressemble à la tombe de Toutânkhamon, les dorures en moins. Tout est empilé. Les cartons. La vaisselle en vrac. La bibliothèque découpée en morceaux. Un immense sentiment de découragement m'envahit. Heureusement, mes amies arrivent pour m'aider. On boit le champagne assises sur les cartons et on range, on astique gaiement jusqu'à tard le soir. Le lendemain matin, mon amie Marion vient prendre le café dans un appartement à peu près rangé :

— C'est mignon chez toi… Ça y est, tu démarres ta nouvelle vie. Tu es libre.

— Mais je vais en faire quoi de ma liberté ? dis-je, songeuse et incrédule.

Puis tout le monde s'en va.

Seule

Je suis chez moi. Seule. Mais chez moi. Libre, c'est vrai. François et moi nous nous sommes séparés sans heurts, sans violence ni mesquinerie, mais comme si la raison d'État l'avait emporté.

La solitude ne me va guère, j'ai toujours tout fait pour l'éviter. Et, pourtant, je sais qu'elle peut être une citadelle dans laquelle on se replie. Je suis soudain envahie par la mélancolie.

La campagne me manque. L'odeur de terre mouillée mêlée aux feuilles d'automne et aux champignons qui ravivaient mes narines polluées de Parisienne lorsque j'arrivais pour le week-end. Le vent qui sifflait par la cheminée où dansaient de joyeuses salamandres. À mes pieds le chien rêvait de chevreuils en sursautant. La panoplie de ce qui m'ennuyait me manque aujourd'hui. La tristesse et quelques larmes viennent troubler mon semblant de quiétude.

Cependant, je me sens bien dans ce nouvel appartement. Je découvre cette liberté dont tout le monde me parle. Mais je ressens un grand vide que je n'arrive pas à combler. Quoi que je fasse. Rien ne s'apaise en moi. Je déteste vivre seule. Je me trouve minable. Je vais mettre du temps à m'apprivoiser.

Je me demande qui est cette personne avec qui je dois vivre ?

J'essaie de prendre soin de moi, de voir mes amis.

Puis-je souffler ? « Mais non ma vieille, tu rêves ! Ton fardeau est là, dit une petite voix vicieuse. Il ne va pas te lâcher comme ça. Il veille. Il t'attend pour se jucher sur tes épaules qui s'élargissent au fil du temps. »

La sortie

Un mois et demi plus tard, il est temps pour Arthur de sortir de la clinique. L'histoire bégaie et l'éternel sujet se pose : que vais-je en faire ?

Je repose la même question à son père :

— Peux-tu le prendre un peu, au moins une semaine sur deux ?

Toujours la sempiternelle réponse : « Non ! »

Un « non » dont je veux croire qu'il est empli de culpabilité. C'est un « non » étouffé, faible, presque inaudible, un petit « non » qui se planque dans un coin, tout bossu de gêne.

Je lui en veux. Un nuage noir de colère plane, mais vire au gris quand je reconnais au fond de moi qu'il vit la même déchirure que moi. Écartelé entre son fils et celle qui partage sa vie.

Ce n'est pas Pierre qui refuse, c'est l'anticipation du « non » de sa nouvelle épouse. Comme François, elle ne veut pas d'une ingérable pièce rapportée.

Je suis agacée de son invariable posture, mais je le comprends et j'envie sa force, celle de pouvoir se protéger. En vérité, lui le peut. Il dit « non » car il sait que mon « oui » va tout arranger. C'est encore moi qui vais m'occuper de tout et lui du reste.

Je suis là, quoi qu'il arrive. Debout, sur le quai, jour et nuit, j'attrape la main de celui qui se noie. Je suis cette prisonnière, cette condamnée qui reçoit toujours la même sentence.

Je n'ai d'autre choix que de le prendre chez moi, mais je n'ai qu'un deux-pièces. Je n'ai pas de chambre pour lui. Il dormira sur le canapé. C'est une situation bancale, mais je la crois temporaire. Je dis à Arthur :

— Tu es au courant que tu vas dormir sur le canapé ?

— Ça ne me dérange pas.

Il se contente bravement de la situation. Soulagé d'être pris en charge.

Il arrive avec son sac jaune maculé de taches qui a fait le tour des hôpitaux. Tout est entassé à l'intérieur, roulé en boule. Des papiers de bonbons collés aux vêtements, des gâteaux émiettés, ses carnets d'écriture. Il s'installe à la maison. Je suis partagée entre l'angoisse et le soulagement de ne pas vivre toute seule. De m'occuper de lui, de cuisiner pour nous deux. D'avoir quelqu'un qui m'attend le soir. Je sens que cette fusion n'est pas saine, mais ai-je le choix ? Qui de lui ou de moi ne veut pas quitter l'autre ? Nous sommes à ce moment un radeau réciproque.

Je lui installe des petits coins pour ranger ses affaires.

— Il va falloir que tu fasses avec… On n'a pas le choix. Tu n'as pas de chambre, je suis désolée. Mais on va faire avec.

— Non mais t'inquiète pas, ça va aller… Je sais qu'on n'a pas d'autre solution.

Il semble heureux d'être ici. Il doit passer la dernière phase d'examens pour son école et écrire son mémoire.

Il choisit de le faire sur le réalisateur japonais Akira Kurosawa. Le sujet est ardu, pointu. Il travaille toute la journée. Je pars travailler, mais n'ose plus sortir le soir ni même voir mes amis. Je couve mon caneton. Il écrit aussi de la poésie. Certains textes sont déchirants, noirs et puissants. Il revisite sa déchéance. Je m'inquiète de cette soudaine frénésie d'écriture et y vois une déstabilisation intérieure. Mais c'est peut-être cette créativité qu'il planque au fond de lui et qui l'appelle aujourd'hui.

Un jour, il me téléphone au bureau et me dit qu'il m'a écrit un poème. Entre deux couloirs, je le laisse me le lire car c'est ce qu'il veut en cet instant. Il ajoute :

— C'est en distique.

Je lâche ce qui m'occupe et je suis toute à lui.

« *Ce jour Sacré où tu me fis don de la*
Vie, je pus enfin admirer après ce si
Lent Printemps ton visage chérubin. Certains
Disent qu'il peut être malsain, je leur dis qu'ils
Sont épris de jalousie vers cet être
Supérieur qui les domine et les
Surpasse de surcroît par ton intellect
Mais aussi par ton empathie qui n'est autre
Que le fruit exquis de ta personnalité
Si complexe me rendant perplexe. Ce ne
Sont que des sauvages sans foi ni loi qui n'ont
Pas la chance de pouvoir profiter de ton
Omniprésence dans leur existence
Qui sans doute les sauverait de bien
Des allégeances désobligeantes. Cette si
Belle grandeur et splendeur qui t'animent

Me font rendre compte avec stupeur
Que ton cœur et le mien sont liés pour
L'Éternité. Je n'ose imaginer ce
Que je t'ai fait endurer ces derniers temps mais
Contre ma volonté car jamais au grand jamais je n'ai voulu te blesser. Désormais
Je comprends, alors, seulement maintenant en
Lisant tes écrits d'érudit que la peine
Que je m'inflige dans la décadence de
Mon existence ne fait qu'exacerber et
Ricocher en toi tel un pacte faustien ce
Fardeau qui est pourtant le mien. Je te promets que
Plus jamais je ne chuterai car seule
La volonté de ne plus jamais t'abîmer
Me motive pour une éternité
À respecter cette promesse que je te
Fais aujourd'hui dans l'espoir de ne plus jamais
Revoir ce regard si noir hanté
Par le désespoir de me voir un
Jour choir à nouveau dans ce monde
Qui est pourtant si beau mais que nous finissons
Souvent par oublier contre notre gré. »

Je reste figée. Appuyée contre un mur que je crois comme moi voir vaciller. Cet enfant m'a étourdie de chagrin, aujourd'hui il me fait tanguer d'émotion ou bien il me flatte.

Je le félicite.

Comment me voit-il ?

Je décortique. Pacte faustien ? Mais qu'entend-il ? Je suis émue mais intriguée. De qui parle-t-il en parlant de jaloux ? Qui sont-ils ? L'autre partie de la famille ?

Mais j'entends avec plaisir qu'il promet qu'il « ne chutera plus ». Je veux croire à la plume rédemptrice du naufragé.

Quel est le plus naufragé des deux? Sommes-nous les deux mêmes accrochés à une seule bouée? Agrippés l'un à l'autre?

Il reçoit les résultats de son examen de fin d'année de l'école. Il récolte la note de 15/20 à son mémoire sur Kurosawa et des commentaires élogieux des professeurs. Je lis dans ses yeux la fierté qu'il s'accorde à lui-même et lui envoie en retour celle que j'ai pour lui en cet instant.

Une lumière brille dans ses yeux. Ses efforts avaient été si parcimonieux ces derniers temps. Seuls le vide, l'angoisse et la drogue ont été ses compagnons.

Nous sommes certains que avec cette note et les autres matières, il aura son diplôme. La déconvenue arrive un matin dans la boîte aux lettres. Nerveux, il décachette l'enveloppe. Il a la moyenne, 11/20, mais il n'a pas son diplôme. Je suis abasourdie.

— Mais comment est-ce possible? Tu as la moyenne! lui dis-je en arrachant le papier.

— Moi non plus je ne comprends pas…

Je suis interloquée. Quatre années dans cette école pour rien.

Je demande à parler à la directrice. Je reconnais le « allô » de sa voix éraillée sans doute usée par le tabac.

— Je ne comprends pas pourquoi Arthur n'a pas son diplôme! Il a la moyenne! Expliquez-moi!

— Oui, vous avez raison, Arthur a la moyenne, mais comme vous pouvez le constater, il a des notes très faibles en montage et les autres matières techniques. Nous ne pouvons pas lui délivrer son diplôme avec des 3 ou des 5/20.

— Oui, mais il me semble que l'on a un examen en fonction de la note obtenue et, en l'occurrence, il a la moyenne.

S'engage alors un dialogue de sourdes. Je lui dis « mais si », elle me répond « mais non ».

Je lui rappelle qu'Arthur est passé par des moments compliqués. Elle s'en souvient, mais elle s'en fout.

Je lui demande dans ce cas si Arthur doit redoubler encore une année. Elle me propose une session de rattrapage moyennant 2 000 euros.

Je raccroche et demande à Arthur ce qu'il veut faire.

— Non, franchement maman, ça ne sert à rien que je te fasse dépenser ton argent. De toute façon, la technique ça ne m'intéresse pas.

— Mais que vas-tu faire sans diplôme ?

— Dans ce métier, personne ne demande jamais de diplôme…

— Mais tu vas faire quoi ? Arrêter tes études ?

Je perçois un grand vide dans son regard. Il est perdu. Largué. Il ne sait même pas ce qu'il veut faire. Je ne vois plus scintiller la passion du cinéma qui semblait l'animer auparavant. Elle s'est éteinte doucement.

Je me souviens de son court-métrage qu'il avait tourné, *Les Méandres de l'amour*. C'était l'histoire de ce jeune homme qu'il était et qui avait, pour la toute première fois, ressenti la douleur de la séparation, goûté aux affres de la désillusion. Le jouvenceau à la peau tendre comprenait soudain que, sous l'arbre, Ève était une salope et qu'elle aimait croquer dans plusieurs pommes à la fois. Cette dinde lui reprochait d'être trop gentil, pas « assez salaud ». C'est curieux, si jeune, de chercher un salaud.

Ces deux-là étaient pourtant émouvants à regarder, s'étourdissant de baisers, collés l'un à l'autre comme des siamois, un peu niais et boutonneux. La première fois que j'avais vu Élisa, c'était l'été, dans une gare de Provence où j'allais la chercher avec Arthur. Dans la voiture qui le rapprochait d'elle, j'entendais le tambourin de son cœur. Chaque seconde lui semblait durer des heures, les feux rouges étaient une torture. Vite la retrouver. Celle qu'il venait de rencontrer lors d'un voyage d'études au Canada. Son premier amour.

J'étais à peine garée qu'il avait ouvert la portière, bien que le train ne fût pas encore arrivé. Il avait bondi et, comme un lièvre, couru sur le quai. J'étais heureuse de sentir ce premier cœur palpitant. J'enviais presque ces amours de chérubins que j'avais aussi connues. Ces premiers battements, sans doute les plus beaux, les plus purs car ils portent en eux la douce mélodie de l'innocence.

Je me suis dirigée sur le quai où venait d'entrer le train. J'attendais au loin, épiant son bonheur. Elle descendit, il courut vers elle. Lui, à toute allure, elle, les cheveux blonds au vent lui tendant les bras. Ils tourbillonnaient dans l'air comme dans *Un homme et une femme*.

Mes yeux et mon nez me piquaient, mon torse s'était gonflé. J'avais senti l'émotion monter jusqu'à ma gorge. Heureuse de ce bonheur juvénile. J'avais retenu mes larmes. Nous étions rentrés le cœur sautillant et l'âme en fête.

L'horizon

J'insiste :

— Que vas-tu faire maintenant ?

Il ne sait pas. Nous réfléchissons. Je tente :

— Un stage ?

— Oui, ce serait génial, répond-il soudainement animé.

J'ai quelques connaissances et amis qui ont des sociétés de production. Je téléphone à l'un d'entre eux. Il accepte de prendre Arthur quelques semaines en stage, mais me prévient :

— Si ton fils est naze, je pourrai te le dire ?

Je ris de sa franchise. Il ne sait rien de ses problèmes.

— Oui, bien sûr, dis-le-moi.

Arthur commence le lundi matin. Il est encore fragile, mais je le sens motivé et même un peu anxieux. Il veut toujours bien faire. Il s'acclimate vite. Comprend vite. On lui donne à corriger des scripts et remettre au propre les annotations du patron qui écrit comme un sagouin. Il le déchiffre comme Champollion la pierre de Rosette. Je suis admirative de cette tâche ingrate dont il se sort avec brio.

Mais, un matin, il m'appelle la voix écrasée. Il a des angoisses. Le boss fume des pétards dans son bureau et empeste les lieux. La fumée du diable vient exciter ses narines. Je le calme et lui dis qu'il faut qu'il s'habitue à ce que des gens fument autour de lui. Il en aura toujours, à moins de vivre dans une bulle. Mais je peste intérieurement contre cet ami, qui, à 60 ans passés, joue les *beatniks*.

Le lendemain, je donne à Arthur de la lavande à snifer dans un mouchoir. Il a ses sels comme une vieille baronne, qu'il sort de sa poche quand le patron allume son pétard.

Son stage se passe bien malgré quelques appels paniqués quand il sent la beuh.

Mon ami me fait des compliments sur Arthur.

— Alors ce n'est pas un naze… ?, dis-je en connaissant déjà la réponse.

— Non, il est bien ton fils. Il est rapide, intelligent.

Malheureusement, ce n'est qu'un stage. Arthur n'a aucune expérience et je sais qu'il est encore fatigué. Que son corps et son cerveau ont besoin de temps pour se réparer. Et ces angoisses qui le paralysent à tout moment. Des angoisses déclenchées par son cerveau en manque de drogue et de prise d'anxiolytiques qui alimentent l'infernale machine.

Son stage est terminé.

Comme une vague incessante revient ma chère et tendre inquiétude. Comment va-t-il occuper ses journées ?

Il prend un peu de repos. Mais le repos s'éternise et le canapé prend la forme de son corps.

Il est toujours suivi par la femme à l'élastique qu'il voit en consultation à la clinique. Il gère seul ses médicaments, jusqu'à ce que je découvre qu'il s'en sert comme un substitut à la drogue pour planer. Je le retrouve vaseux et l'œil qui part dans le vague, la bouche de travers quand il parle.

Il pioche dans ses anxiolytiques comme dans une boîte de cachous.

Je demande à voir son ordonnance.

La liste donne le tournis.

Du Risperdal – un neuroleptique –, du Valium – un anxiolytique –, du Théralène – un antihistaminique utilisé comme somnifère, au coucher –, du Loxapac – un neuroleptique qui donne des raideurs et des crampes impressionnantes, à prendre le matin – et du Tercian – un antipsychotique. En plus de son traitement pour les troubles de l'attention qui contient de la Ritaline, un psychostimulant puissant.

Un cocktail qui tuerait un éléphant. Il se sert à volonté nuit et jour quand il a une angoisse ou quand il ne peut pas dormir. Il ne respecte pas les doses. J'appelle la clinique et demande à parler à la femme à l'élastique, mais elle n'est pas là. Arthur n'étant plus hospitalisé, la standardiste n'y voit aucune urgence.

Elle n'est jamais joignable, absente, en vacances, en consultation, en visite dans les chambres, au ski, en voiture, à la piscine, dans son bain, que sais-je. Je lui envoie un mail avec la formule de politesse que j'ai bien envie de bannir :

> « Bonjour Docteur,
> Arthur va mieux, il ne consomme plus de drogue, en revanche il fait une consommation inconsidérée de somnifères et anxiolytiques. J'ai regardé son ordonnance qui me paraît bien trop chargée : Tercian, Loxapac, Valium, Théralène et autres. C'est beaucoup trop. Et quand je ne suis pas là ou bien la nuit, il refait tous ces mélanges pour dormir. Cela veut dire qu'il prend double dose. S'il remplace les drogues

> illicites par les drogues légales, nous ne sommes pas plus avancés.
> Pourriez-vous veiller à lui prescrire moins de médicaments si cela est possible ?
> Je vous remercie. »

Elle me répond :

> « J'en prends note. Je réévaluerai ça à la prochaine consultation. »

Je suis en colère contre tant de facilité. Charger la barque. Certes, je ne suis pas psychiatre, mais la liste me paraît excessive. Mais faut-il l'être pour comprendre qu'un tel traitement est dangereux ? Quelle chance que nous ne l'ayons jamais retrouvé inanimé. A-t-il des milliers d'archanges penchés sur son épaule ?

Je surveille désormais ses médicaments. Je fais l'infirmière. Je cache les boîtes, mais il finit toujours par les trouver. Alors j'agite mes méninges pour trouver de meilleures cachettes. Dans mes pulls, dans mon coffre à chaussures, derrière la machine à laver.

Un soir, je rentre et le trouve bizarre. Il a du mal à parler. Puis, soudain, je vois sa tête partir en arrière. Il tire la langue, a des mouvements désordonnés, son corps se raidit. Je l'allonge sur mon lit. Ses bras et ses jambes se tordent et se tendent, durs comme du bois. Il hurle de douleur. Avec difficulté, il me dit :

— Maman, c'est pas grave, ça m'est déjà arrivé.

Ce sont les effets du Loxapac, son neuroleptique. Il réussit à me dire que, pour contrer ces effets, il faut du Lepticur, en quelque sorte l'antidote.

Les mains tremblantes, j'appelle le pharmacien en bas de chez moi. Monsieur Armant est un homme aimable, serviable. Lui et son équipe sont des oreilles bienveillantes, des regards compatissants lorsque je leur parle d'Arthur. Paniquée, je lui explique brièvement son état, le souffle court. Il me rassure en me disant que ce n'est sans doute pas grave et qu'il m'apporte tout de suite l'antidote. Mais, quand il voit Arthur se tordre de douleur, il me conseille d'appeler les pompiers.

Arthur, entre deux râles, nous dit :

— Non, c'est normal, ça va passer.

J'attends. Ça ne passe pas. Les pompiers arrivent. Ils nous emmènent aux urgences de l'hôpital Georges-Pompidou. Je maudis cette femme à l'élastique qui l'empoisonne. Et me voilà dans un camion de pompiers. Entre dix tragédies, il me manquait celle-ci.

Il est ausculté dès son arrivée par les infirmiers qui nous aiguillent ensuite vers la salle d'attente.

Au bout d'une heure d'attente, Arthur va mieux, ses muscles cessent de se raidir. Il a faim et soif. Il réclame. Il va mieux. Il va même beaucoup mieux. L'antidote a fait son œuvre. Il me rassure en m'expliquant que, lorsqu'il était hospitalisé, il lui arrivait d'avoir ce genre d'effets secondaires. Je le regarde. Il a retrouvé son bon visage et son sourire. Il redevient moqueur et joyeux. Il veut dîner. Je l'emmène au restaurant. Nous marchons quelques mètres. Je me sens épuisée. Une amie m'avait invitée à son anniversaire. Mais je suis incapable d'aller à une fête. Je préfère rentrer avec Arthur. Je me jette sur le lit, les bras en croix. Je regarde les ombres au plafond quelques minutes et sombre.

Le lendemain, je décide de trouver un autre psychiatre. Adieu la femme à l'élastique. Je lui préfère un homme rond, jovial. Un psychiatre de ville à l'ancienne. Il garde ses patients une heure durant. Je le sens dans de meilleures mains. Je tends au médecin l'ordonnance de la clinique. Il est abasourdi. Il peste lui aussi contre cette consœur à la main trop lourde.

— Dites donc, c'est un traitement de cheval qu'elle lui a donné. Il faut alléger tout ça, dit-il, confiant.

Je le laisse avec Arthur et vais dans la salle d'attente.

Le traitement est changé. Il lui reste un neuroleptique, un somnifère, un anxiolytique et son traitement pour les troubles de l'attention.

Je cache tout de même encore les médicaments. Au bout de quelques rendez-vous, je téléphone au psychiatre pour qu'il me donne à son tour un diagnostic. Il confirme le trouble de l'attention et bien sûr une addiction au cannabis. Mais je sens bien que lui aussi flotte.

L'oiseau dans son nid

Je propose à Arthur qu'il se trouve un psy, cette fois pour entamer une psychothérapie. Mais évidemment, il met toute son énergie à ne pas le trouver.

— Tu as trouvé un psy ?

— Ben non, j'ai pas trouvé, répond-il avec sa nonchalance habituelle.

On me parle d'un praticien dont l'oncle est un célèbre réalisateur de cinéma. J'en parle à Arthur qui accepte de l'appeler. Le poisson a mordu à l'hameçon, mais c'est encore moi qui ai trouvé à sa place.

Il s'y rend une dizaine de fois, puis abandonne, comme toujours.

Je sentais bien qu'il allait à ces séances sans conviction, sans doute pour me faire plaisir, comme un gage de sa participation. A-t-il seulement l'intention de comprendre ce qui l'entrave ? Veut-il vraiment guérir ? Ou bien veut-il garder son mal-être comme une couverture ? Sa souffrance lui tient-elle chaud ?

Son oisiveté m'inquiète. Le canapé reste sa base. La télévision son point fixe quand il n'écrit pas. Et ce n'est plus très souvent. Ses phases d'écritures ressemblent à des phases maniaques où la régularité n'a pas de place.

Je me suis épuisée à le réparer et, maintenant, je voudrais l'occuper. Je suis le pilote qui dirige sa vie de moineau qui ne se risque pas à l'envol, car le nid est trop douillet.

Plus j'entreprends, plus il est inerte. À attendre que je fasse tout à sa place.

Plus je décide, plus il se désengage. Mais que faire ?

Je l'emmène chez un homéopathe qui a bonne réputation. Il ressort avec une liste de granules, de teintures mères et de fioles. La seule chose qu'il retient :

— Le médecin m'a dit que j'avais les battements de cœur du colibri.

— Ah bon ! Et ça veut dire quoi ?

— Mon cœur bat très vite. J'ai les battements de cœur du colibri, répond-il presque fièrement.

Encore une fois, je n'ai pas le bon mode d'emploi. Encore moins celui du colibri, l'oiseau voltigeur.

Le laisser végéter devant la télévision ? Le secouer ? Tout est infructueux. Je me sens impuissante devant tant d'inertie. Le volatile n'a pas l'intention de s'envoler.

— Mets-le dehors, me dit une de mes amies. Il sera bien obligé de se débrouiller.

Je lui réponds interloquée :

— Tu serais capable de faire la même chose avec ton fils ?

— Oui, je pense. Je n'aurais jamais supporté ce que tu as enduré. J'aurais pensé d'abord à me protéger.

Qui d'elle ou de moi est la plus sensée ? Froissée, je lui réponds :

— Mais je n'aurais jamais le cœur de faire une chose pareille !

— Sans toi, il se serait peut-être débrouillé, parce qu'il n'aurait eu aucune solution, ajoute-t-elle.

Peut-être était-ce la voix de la raison ?

L'ai-je peut-être trop aidé ? J'ai parfois entendu des récits de mères qui avaient jeté leur enfant dehors, comme celle d'Adrien.

J'en suis parfaitement incapable, donc je cesse de me demander ce qu'il aurait été bon de faire.

Je questionne Arthur sur ce qui le motiverait. Faire une autre école, une nouvelle formation ?

— J'aimerais bien faire une école de cuisine.

J'ai l'impression qu'il dit cela au pif.

— Ah bon ? Mais le cinéma, ça ne t'intéresse plus ? dis-je à moitié étonnée.

— Ben je ne connais personne.

Je suis agacée, énervée, lassée devant tant de mollesse, de manque d'allant, de manque d'appétit pour la vie, de manque de tout. J'ai envie de le prendre par les épaules et le secouer pour qu'il y tombe un peu d'ambition. Mais je suis face à quelqu'un qui ne veut rien, n'a envie de rien, ne vibre à rien. Je scrute ses pupilles. A-t-il de nouveau fumé ? Prend-il de la drogue en cachette ?

Je regrette le temps où il allait à son stage. Il se levait, se lavait et s'habillait.

Lorsque je me réveille le matin, il est là, dans mon salon, sur le canapé, ronflant la bouche ouverte. J'ouvre les rideaux. Il grogne. Je le secoue, mets la radio, mais il tente de négocier encore une demi-heure de sommeil. Je ne cède pas. Il maugrée :

— Mais ça sert à quoi de me lever tôt ? Je n'ai rien à faire aujourd'hui.

— Si… Tu vas aller à la piscine…, dis-je soudain sans avoir réfléchi.

— À la piscine ?

Devant son visage incrédule, ses yeux encore bouffis de sommeil et sa coupe ébouriffée, j'éclate de rire.

— Oui, tu vas aller nager, ça te fera le plus grand bien… Allez Lazare, lève-toi et nage, dis-je à moitié amusée.

Après tout, mon idée me réjouit.

— Fais quelque chose de positif. Bouge, nage. Prends-toi un maître-nageur qui peut t'entraîner, te remettre en forme physique.

— Bonne idée, répond-il finalement, peu contrariant.

Une fois encore, je trouve la solution à son ennui. Je paie ses cours. Il s'exécute, soumis, il obéit. Sa soumission m'agace. C'est ainsi qu'il obéissait à Adrien pour commettre tous les méfaits. Je voudrais qu'il se rebiffe, se cabre, se mette en colère.

Cette colère, où est-elle tapie ? Si bien cachée au fond de lui-même qu'il ne la voit pas. Elle prend toute la place, le dépasse, le transperce sans qu'il la sente. Comme une épée traverserait un fantôme. Alors il la retourne contre lui et elle le détruit. Je le perçois ainsi, mais je ne sais pas lui dire, car je ne suis pas son psy. Je ne saurais que faire de sa colère si elle m'explosait encore à la figure.

Il revient fatigué de la piscine, alors il retourne à son activité principale : ne rien faire… avec cette fois bonne conscience.

Le week-end, nous allons au cinéma ou faisons des courses comme un vieux couple. Je m'accorde quelques dîners en ville, mais je ne suis pas assez tranquille et rentre vite.

Je guette sa résurrection qui tarde. Lové dans le fond d'un canapé profond et douillet, comme un gros matou, il attend que la vie lui tende les bras et peut-être que Steven Spielberg lui fasse signe pour son prochain film.

Je demande à son père s'il connaît quelqu'un qui pourrait le prendre en stage, mais il ne sait pas, n'a pas d'idées. Dans le fond, il ne s'y intéresse pas vraiment. Il voit Arthur de temps en temps pour l'emmener au restaurant et se contente de dire : « Je l'ai trouvé bien. » Arthur attend que la vie lui vienne en aide et moi j'attends que Pierre m'épaule dans cette lourde charge. Je me sens si seule, fatiguée de porter tout le poids de l'effort.

Finalement, un de mes amis accepte d'accueillir Arthur en stage dans une société de production. L'oisillon agite ses ailes duvetées. Il est content et, comme à chaque fois, excité par une nouvelle aventure. Je rêve secrètement qu'un jour il réussisse à décrocher un job, parce qu'il se sera rendu indispensable. Mais c'est encore un stage qui ne débouche sur rien, excepté sur quelques mois de répit.

Un stage, puis un autre, et la vie s'écoule avec mon petit piaf qui retourne invariablement se nicher au fond de sa moelleuse bonbonnière.

Les terres lointaines

L'été se pointe à grande vitesse et je n'ai rien prévu pour les vacances. Je suis invitée chez des amis, mais je décline gentiment l'invitation. Je ne veux plus débarquer chez quiconque avec mon fils sous le bras. J'ai envie de contrées lointaines, d'aventure. Partir, voir le monde a toujours été ma planche de salut. Voyager opère chez moi comme un grand nettoyage, une sorte de purification par le mouvement. Il y a quelques années, j'avais emmené les enfants à Los Angeles, puis en Égypte, sur un coup de tête. J'avais débarqué chez un ami au Caire avec Arthur et Camille et avais organisé le voyage une fois sur place. Bien sûr, la vallée des Rois et quelques jours en bateau sur le Nil. Nous faisions des batailles de polochon dans la cabine. C'était joyeux.

Trois ans plus tard, j'avais pris le chemin de la Tanzanie avec Arthur qui venait de fêter ses 15 ans. Une soif d'aventure et d'inconnu avait soudain pris possession de moi.

Huit heures de marche par jour. Nous tombions de fatigue sous la tente, fourbus, perclus d'ampoules, sentant le gnou, après un dîner autour du feu. C'était ma première expérience de trek en Afrique.

Avant de partir, j'avais préparé soigneusement mon sac en suivant la liste des affaires à emporter, mais j'y avais rajouté des crèmes et des après-shampoings. Je n'avais pas tout à fait compris que je devrais trimbaler tout ça sur mon dos et que quelques gouttes d'eau feraient office de douche. Arrivés après des heures de bus, on nous avait déposés avec le groupe au bord d'une steppe immense dont on ne voyait pas le bout. J'avais pris mon sac à dos, mais il pesait une tonne. Le guide m'avait demandé ce que j'avais dedans. Arthur, qui m'avait vu faire mon baluchon, avait explosé de rire alors que je déballais les produits pour cheveux et les pots de crème. La honte m'était montée aux joues. Le fou rire d'Arthur avait entraîné tout le monde. Chacun avait accepté de prendre une part de mon fardeau dans une humeur gentiment moqueuse. Mais j'avais pourtant oublié l'essentiel : le papier toilette. Arthur se rit encore de moi.

L'idée de l'emmener faire un grand voyage m'anime à nouveau. Partir très loin. Oublier les regards qui pèsent sur lui et sur moi. Je lui propose le Vietnam. Lui préfère la Mongolie à cheval. Mais je lui dis que mes fesses n'y résisteront pas et que, de toute façon, le voyage est trop cher.

Une expédition de quinze jours avec la plupart des nuits passées chez l'habitant dans les villages perchés de la piste Hồ Chí Minh. Cette fois-ci, je veille à prendre l'essentiel. Je m'équipe comme il le faut. Arthur est excité à l'idée de ce voyage.

J'espère que dans chacun de ses pas résidera une victoire.

Moi je souffle comme un bœuf dans les rizières verdoyantes et la montagne pentue, quand lui est loin devant. Il marche sans s'arrêter. Il a du souffle, le bougre, après tout ce qu'il a infligé à son corps. Il ne se plaint jamais, se fabrique des éventails en feuilles de bambou et des bâtons pour pousser son pas. Finalement, ce gamin a de la ressource. Après tout, je pourrais le laisser là, il survivrait.

Moi qui attendais sa résurrection, qui aurait pu imaginer qu'après de longs mois d'hospitalisation, il retrouve une telle capacité d'endurance et d'énergie ! Il double tout le monde, veut être le premier. Premier pour pouvoir rester assis plus longtemps en attendant les derniers :

— Une astuce de flemmard, triomphe-t-il.

Marcher, sous la pluie et la chaleur moite. Ou sous un soleil brûlant, dans les sentiers glissants ou les rizières boueuses. Il avance, à peine essoufflé, lorsque tout le monde est au bord de l'apoplexie.

Nous sommes un petit groupe. Seulement cinq. Une vieille fille grincheuse. Un informaticien bedonnant qui pense dans un carré. Il a un petit air de Séraphin Lampion dans Tintin. Le troisième larron est un taiseux en phase dépressive, qui reste muet tout le séjour. On le surnomme Bernardo, le muet dans *Zorro*. Le guide est vaillant, infatigable, dur au mal comme le sont les Vietnamiens. Il n'est pas commode et n'a guère de compassion pour nos corps empâtés. Ce groupe ne ressemble en rien à celui, joyeux, de la Tanzanie. J'ai le moral au fond des croquenots, trempés par la pluie chaude qui tombe finement, inlassablement.

— Mais qu'est-ce que je fous là, dis-je abattue après une journée de marche. J'aurais dû louer une maison sans le Sud.

— Mais non maman, regarde ces paysages, comme c'est beau.

— Oui, mais ce groupe me déprime… Qu'est-ce qu'ils sont ennuyeux !

Arthur décide d'en rire en les imitant. Nous composons une chanson secrète sur ces trois larrons si peu enjoués. Le soir, enroulés dans nos sacs de couchage, nous la chuchotons avant de dormir.

De longs fous rires nous accompagnent sur le bateau de l'étrange baie de Ha Long, dans le train de nuit qui nous amène vers le centre du pays. Nous sommes joyeux pour cinq. Parfois la fatigue m'engloutit et j'aspire à un peu de confort, à un bon lit, mais je dois me contenter de nattes crasseuses avec des bestioles qui rôdent autour de moi. Je me demande ce que je fais ici. Mais, après une nuit de sommeil, je m'émerveille à nouveau de ce pays éblouissant. Arthur est toujours de belle humeur. Sans pétards ni champignons.

Alors que nous gravissons une montagne abrupte et touffue, nous passons par des chemins presque impraticables. Le guide, avec sa machette, bat et coupe la végétation et les lianes tentaculaires. Il pleut sans discontinuer. Par terre, c'est un mélange de boue, de glaise qui colle, de feuilles mortes et de pierres lisses, glissantes comme un parquet ciré. Tout le monde tombe ou se rattrape aux branches.

Je trébuche plusieurs fois et manque de me tordre une cheville. Je guette le louveteau de loin qui reste dans le peloton de tête, trempé et fier d'être le premier.

Soudain je tombe, mais le bruit mat de la chute et la douleur sont si vifs que je manque de m'évanouir. Je comprends tout de suite que quelque chose est brisé en moi. Je n'ai d'autre choix que de me relever. Je continue les heures de marche en grognant. Mais j'ordonne à la douleur de se taire. Alors que nous sommes arrivés dans un village, le guide me demande si je veux rentrer à Hanoï pour aller à l'hôpital tant il me trouve pâle. Je sais que je me suis fracturé le coccyx. Je décline la proposition et je range le mal dans un coin en vidant les deux boîtes de Doliprane que j'avais emportées. Arthur se fiche de mes ennuis. Il marche, son casque de musique sur les oreilles. Enfermé dans son monde. Sorti des rizières et des montagnes, il revient avec nous lorsque nous atteignons les villes et que nous allons déjeuner dans des bouis-bouis délicieux. Nous visitons des temples, des grottes, des lacs étranges avec ces vieilles femmes avec leurs blouses bleues et leurs chapeaux coniques qui nous trimbalent sur les barques abritées par des parasols verts, jaunes ou bleus. Trains de nuit, vélo, je mets mon dos à rude épreuve. Le sac à dos vient cogner sur mes reins, mais je continue. Continuer.

Arthur a emmené son appareil photo et mitraille. Il s'anime, s'ouvre, s'épanouit comme un nénuphar dans la chaleur moite. Il est à nouveau joyeux et moqueur. Il voit tout, s'immisce dans chaque détail pour comprendre une personnalité, une situation. Séraphin Lampion est son sujet d'étude préféré.

Il redevient vivant et animé. Ici pas de pétards, de MDMA, de Kétamine… Peut-être de l'opium, mais il faudrait chercher. Il est enfin dans la vie.

Nous retournons dans notre hôtel de Hanoï. C'est ici que nous avons passé la première nuit. Le lendemain, nous reprenons un vol pour Paris. Un voyage pénible, long. Mon dos hurle de s'être tant tu. Arthur, ravivé par l'exil, part chez son père quelques jours et moi je repars chez des amis à l'île de Ré. Véronique, mon amie, m'ordonne d'aller faire une radio. Mon coccyx est fracturé, mais il n'y a rien à faire à part avaler des antidouleurs et me munir d'une bouée pour m'asseoir.

Back to the sofa

Nous nous retrouvons à Paris. J'ai beau inventer des voyages, des stages, faire le tour de la terre, je reviens toujours au même point avec les mêmes questions.

Que va-t-il faire de lui, de sa vie ? C'est une question qu'il refuse de se poser tant elle est angoissante. Il retourne à son canapé.

Un soir, nous allons à la projection d'un documentaire à laquelle une amie me convie. J'emmène Arthur. Au cocktail qui s'ensuit, Clarence se propose de le présenter à la patronne d'une agence de presse qui a produit le film. Je la remercie, car je ne veux plus intervenir pour lui.

La mère nourricière a trouvé ses limites. D'ailleurs, veut-il d'une mère sacrifiée ?

Culottée et d'une bonne humeur communicative, Clarence présente Arthur à cette jeune femme. Je reste en retrait et observe la scène. Arthur se redresse et veut convaincre qu'il est un bon candidat pour le stage. La réponse est positive.

Il revient vers moi souriant et triomphant :

— Ça y est, elle m'a dit oui.

Il commence quelques jours plus tard.

Le stage se passe bien, mais il ne fait pas de tâches passionnantes à part du *dérushage*. Il propose des sujets de reportages, écrit des pitchs. Mais il est noyé dans la nuée de stagiaires et n'arrive pas à s'imposer. Il se décourage trop vite. Je voudrais qu'il s'accroche avec les ongles, mais, à la moindre déception, il lâche prise. Il est submergé par le doute.

— J'ai proposé plein d'idées, mais la boss n'a jamais le temps de les lire. Elle s'en fout des stagiaires. On est là pour faire ce que les autres ne veulent pas faire, grogne-t-il.

— C'est comme ça les stages, on fait des tâches ingrates… Mais ne te décourage pas, continue à proposer des sujets.

Un mois et demi plus tard, son stage est terminé et d'autres prétendants attendent à la porte. Il revient invariablement sur le canapé. L'histoire bégaie. La paresse et l'oisiveté reprennent possession de lui. La journée, il voit des copains.

Notre-Dame brûle

La cathédrale est en feu. Paris et le monde sont saisis d'effroi. À la télévision, je commente cette tragédie, mais suis constamment dérangée par des textos d'Arthur. Inquiète, je lui demande ce qu'il se passe. Je reçois des réponses paniquées : « Pas Notre-Dame, pas elle… C'est affreux ça me donne des angoisses », m'écrit-il. Il veut se rendre sur place. Mais il reste rivé devant la télévision jusqu'à mon retour. Son inertie le cloue sur le canapé.

Je suis étonnée du retour de ses angoisses provoqué par cet incendie. Voir la cathédrale flamber est certes tragique et angoissant, mais de là à n'en plus dormir ! Je le trouve instable et m'en inquiète. Son psychiatre de ville partage mon avis :

— Je trouve qu'Arthur est agité.

Parfois son portable vibre, loin de son regard. Je jette un œil furtif et y vois des messages bizarres : « Salut je suis de retour avec Caroline et Marie-Denise. OP de 12 heures à minuit. » Je suis intriguée. Marie-Denise est un drôle de prénom, pas très actuel. Il m'avoue bien plus tard la signification de ces curieux messages.

Ce sont les noms de code des dealers. « Caroline » pour cocaïne et « Marie-Denise » pour MDMA, cette drogue de synthèse dérivée des amphétamines.

Une fois de plus, mon intuition ne me trompe pas. Je cherche, je le questionne, mais il me répond qu'il va très bien. Chez lui le mensonge est une science, une bouée de sauvetage, une planque.

Un soir, il me demande la permission de sortir. Je ne suis pas rassurée, mais ne peux le maintenir prisonnier ici. Je lui accorde une sortie. Il me prévient qu'il va rentrer tard et me demande s'il peut prendre un Uber pour son retour.

Je m'endors difficilement avec la peur au fond de mon ventre. Le sommeil est haché, un tourment veille et j'ouvre les yeux. Il est 5 heures. Comme dans chaque moment d'angoisse, je vérifie mon portable et vois le mail d'Uber qui m'indique que le taxi a terminé sa course en bas de chez moi. Pourtant je ne l'entends pas monter, je guette les bruits de l'ascenseur, mais seul le silence et la nuit me répondent. Je regarde par la fenêtre, me penche pour chercher âme qui vive à cette heure-ci. J'attends. Je transpire dans mon peignoir. Pourquoi ne monte-t-il pas ? Je suis en proie aux affres d'un affolement soudain. J'essaie de me rassurer, mais l'inquiétude me harponne une fois encore. Cela fait une heure qu'il est arrivé. Que s'est-il passé ? Mon esprit divague et j'imagine des scénarios rocambolesques : le taxi l'a peut-être enlevé ? Une heure et demie s'est écoulée, l'anxiété me ronge et prend tout mon corps. J'ai chaud et puis j'ai froid. Mon souffle est court et ma bouche est sèche. Je ne peux me raisonner. Soudain j'entends le ronronnement de l'ascenseur. Le bruit de la clé dans la serrure qui m'apporte le soulagement tant attendu. Je le vois pâle et fatigué.

— Mais qu'est-ce que tu as fait? lui dis-je dans un mélange d'agacement et de reste d'inquiétude.

— Ben rien, j'étais malade car j'ai trop bu. J'ai vomi et, comme je ne voulais pas rentrer dans cet état, j'ai attendu l'ouverture d'un café.

— Mais tu étais où?

— En boîte avec des potes.

Je ne dis rien et pars me recoucher pour me lever deux heures plus tard. Après tout, une cuite, c'est de son âge.

Je le crois comme à chaque fois. Mais les jours suivants, je le sens dériver. Il est tendu, parfois hagard. Puis il m'annonce qu'il a rencontré une copine sur Tinder et qu'il va passer le week-end chez elle. Je suis rassurée. Une copine, c'est tout ce que je souhaitais. Mais, quelques jours plus tard, il se trompe dans les noms.

— Tu étais chez Juliette?

— Non, j'en ai rencontré une autre, elle s'appelle Candice.

— Ah bon, fais-je, amusée.

Puis il disparaît à nouveau le jeudi soir et pour le week-end entier. Son téléphone est éteint depuis vendredi et il sait que me laisser sans nouvelles ravive mon inquiétude. Il avait rendez-vous samedi chez son psychiatre à midi, le gentil médecin de ville. Je l'appelle pour savoir si Arthur s'est présenté à son cabinet. Il me répond qu'il n'est pas venu.

Le dimanche soir, il ne réapparaît pas. Je cherche sur son Facebook une certaine Candice dans ses amis. Je trouve le profil qui colle avec la description qu'il m'avait faite brièvement d'elle. Je lui envoie un message pour savoir si Arthur est avec elle. Je suis gênée de cette intrusion alors qu'il a 24 ans. Honteuse d'être une mère qui cherche son fils comme une canne son caneton. Elle me répond gentiment qu'elle ne voit plus Arthur depuis au moins trois semaines.

Une fois de plus, les mensonges sont au rendez-vous. Il rentre à 21 heures comme une fleur. Je lui demande où il était et pourquoi son téléphone est éteint.

— Mon téléphone est tombé dans les toilettes, je viens d'aller le faire réparer.

— Ah bon ! Un dimanche ?

— Oui, c'est une boutique ouverte le dimanche, répond-il, pris dans le filet de ses boniments.

— Et elle va bien Candice ?

— Oui, impec.

— Tu n'étais pas chez elle.

— Ben si.

Je lui raconte l'échange avec elle sur Facebook.

— Ah oui OK, je suis retournée avec Juliette.

Je sais qu'il ment. Mais qu'importe. Je suis fatiguée des mensonges. Fatiguée de vivre sous une pluie fine d'appréhension permanente. Pourquoi ment-il ainsi et à tout le monde ? Est-ce pour échapper à mon contrôle continu ? Il a peur de ma peur. Alors il ment. Je voudrais qu'il parte, qu'il travaille. Qu'il ait une vie normale sans une mère inquiète à ses trousses. Mais nous sommes pris au piège l'un et l'autre.

La rechute

Un soir, Arthur m'appelle au bureau et me demande à quelle heure je rentre. Je sens à sa voix qu'il est nerveux. Il a ses yeux exorbités qui me fixent lorsque je franchis le seuil de mon appartement devenu ma prison. Il est agressif. Par terre sont étalés des sandwichs, des frites froides et des papiers de cigarettes à rouler. Je comprends tout de suite. Il a replongé. Il dit n'importe quoi.

Je lui dis que nous allons aller à l'hôpital.

— Non, j'irai pas ! Demain je pars en jet à New York avec papa et après j'irai à Los Angeles rejoindre un copain DJ.

J'appelle son père et lui dis sans y croire.

— Tu pars en jet à New York avec Arthur ?

— Je ne suis pas au courant, répond-il très sérieux.

Je lui explique la crise, les propos délirants. Mon appartement en vrac, ses paroles incohérentes.

— Passe-le-moi.

Son père réussit à le convaincre qu'il est préférable d'aller à l'hôpital car il ne va pas bien.

Je réunis quelques affaires. Je reprends le maudit sac jaune et je lui mets sa brosse à dents, des slips, des tee-shirts.

Dans la voiture, j'évite de parler. Un mot de travers et le feu en lui s'intensifie. Le père suit à scooter jusqu'à l'hôpital. Je revis la sempiternelle scène. Je crains qu'il n'ouvre la portière et prenne la fuite, alors je préfère me taire et regarde sa jambe qu'il remue sans cesse en de rapides tremblements. Le dévoreur l'habite à nouveau.

Nous revoilà dans la salle d'attente dont je finis par connaître chaque recoin. Arthur est vite pris en charge et l'hospitalisation est décidée. Les médecins m'annoncent que ma nouvelle adresse n'est plus dans le secteur de Sainte-Anne. Ils vont l'aiguiller vers un autre hôpital que je ne connais pas. Corentin Celton, en région parisienne. Il y est conduit en ambulance. Je me sens soulagée et à la fois anéantie par tant d'efforts saccagés.

Parce qu'il est en sécurité ici, je lui demande ce qu'il a pris.

— De la cocaïne, de la MDMA, du cannabis.

La funeste panoplie habituelle. Je me tasse dans ma chaise et il commence sa longue confession.

— Je n'étais pas chez ma copine, ni Juliette, ni Candice, mais chez un copain avec Adrien, que j'ai rencontré un jour dans la rue en allant déjeuner chez papa. Avec lui, j'ai repris de la drogue. Et le soir où je t'ai dit que j'étais rentré bourré, en fait j'avais pris de l'ecstasy, de la cocaïne et plein d'autres trucs. Je n'avais pas bu, j'étais défoncé, mais je t'ai fait croire que j'avais pris une cuite et tu m'as cru.

Il a revu ce satané Adrien. Le diable n'avait pas lâché sa proie tendre et facile.

Je remonte sur le manège infernal, le même cauchemar, le même scénario qui rejoue sans cesse le même film. Vais-je un jour en voir le bout ?

Qu'ai-je donc fait de travers ? Pourquoi ? Ces mêmes questions qui me tourmentent.

Le diagnostic

Le lendemain, son père et moi sommes convoqués par les médecins pour signer son internement. Assis sur des chaises en plastique, rapetissés par l'épuisement et le chagrin, médecins, chef de service, internes sont en triste farandole autour de nous. Ils nous demandent le parcours hospitalier d'Arthur. Pour la première fois, nous avons affaire à des médecins qui veulent tout savoir. Curieux, ils demandent ce qu'il a consommé et nous questionnent un long moment. Je leur dis ce que je sais.

La cheffe de service, le docteur V., est une jolie jeune femme dont le regard respire l'intelligence et l'empathie. Je lui demande si, comme la première fois, il s'agit d'une bouffée délirante. Elle me répond qu'il s'agit bien de cela et je me lance dans un interrogatoire pour comprendre.

— Votre fils montre des symptômes délirants. Il faut trouver la cause de ces symptômes. Une des causes de ces symptômes délirants est « l'état maniaque » avec des caractéristiques psychotiques.

— C'est quoi l'état maniaque ?

— C'est l'exact inverse d'une dépression où l'on est amorphe, on a envie de rien, on n'a souvent pas d'émotions, pas de projets.

L'état maniaque, au contraire, c'est un trop-plein d'énergie. Le cerveau va trop vite, trop fort. Les pensées s'enchaînent rapidement. On parle beaucoup, on est désinhibé, on peut être familier... On se met en danger en prenant des drogues ou en ayant des conduites à risques, on dépense tout l'argent qu'on possède... Associé au syndrome délirant, on peut être mégalo, penser qu'on est Dieu... Avoir un sentiment de toute-puissance, le sentiment qu'on a une mission.

Je suis saisie par ce qu'elle vient de me décrire. Les pensées qui vont à toute allure, croire qu'il est le Messie, dire n'importe quoi dans une désinhibition totale. Ses écrits dans son carnet maudit où il est question du malin. Du bien et du mal. Son père demande :

— Donc, quel est votre diagnostic, car nous n'en avons jamais eu ?

— C'est un trouble bipolaire avec symptôme maniaque, répond-elle sans hésitation.

Avant d'être anéantie par la nouvelle, je veux continuer à comprendre.

— Mais est-ce que ce trouble est déclenché par la drogue ?

— Non, pas forcément. Des personnes maniaques, bipolaires, le sont sans avoir fait usage de substances. Pour certains, ça peut être déclenché par des événements traumatiques ou un traitement antidépresseur qui n'était pas adapté, par diverses circonstances de la vie, ou simplement ça a toujours été là... Mais les drogues ont sans doute été chez Arthur un facteur déclencheur, surtout s'il a commencé à fumer jeune et vous m'avez dit que c'était son cas.

— Oui, à 15-16 ans.

— Il faut savoir que le cannabis a agi sur un cerveau qui n'est pas encore mature, parce que le cerveau c'est l'organe du corps humain qui mature le plus tardivement, quasiment jusqu'à 25 ans… On sait que les prises de cannabis précoces, à l'adolescence, peuvent précipiter la révélation de pathologies. Chez certains, c'est la schizophrénie. Chez d'autres, c'est un trouble bipolaire. Mais ça ne veut pas dire que ça a fabriqué le trouble. Ça vient le déclencher et souvent l'aggraver fortement et l'installer.

— Nous n'avons jamais décelé chez lui des failles psychologiques, ni de troubles de l'humeur, ni de comportements curieux.

— Il avait sans doute une fragilité qui n'était pas perceptible, mais la drogue l'a sans doute révélée.

— Comment va-t-il ? demande Pierre.

— Il est en chambre d'isolement. Nous avons été obligés de l'attacher, car il voulait se faire du mal. Il va aller mieux, mais ça va prendre du temps. Ne vous inquiétez pas, il est en sécurité ici, répond-elle avec un bon sourire.

— Pourquoi est-il en chambre d'isolement ? Est-ce bien nécessaire ? demandé-je, paniquée.

— Parce que, dans cet épisode maniaque, il faut limiter les stimulations extérieures. Il faut le protéger. Calmer le feu au niveau cérébral pour éviter qu'il l'entretienne…

— Et ensuite ?

— On lui donne un traitement sédatif… C'est un traitement symptomatique. C'est-à-dire qu'il va traiter le symptôme dans la phase aiguë. Ce n'est pas un traitement de fond. Celui-ci arrivera plus tard. Ce sera un traitement régulateur de l'humeur.

Pour la première fois, nous avons des mots posés sur son mal, ce qui n'apaise pas le nôtre. Mais c'est en quelque sorte un soulagement. Le docteur V. a pris le temps de faire de la pédagogie quand d'autres nous expédiaient.

Il reste sept jours dans cette chambre, seul, attaché. Un vrai diable impossible à maîtriser. Il tente d'arracher des tendons sous son lit et de s'étrangler avec. Puis il comprend soudain que, s'il ne se calme pas, il restera encore ligoté dans sa camisole et que sa furie repousse ses chances de semi-liberté dans le service.

Il est abruti par les neuroleptiques, et sa crise perd en intensité. Au bout d'une semaine, il est rapatrié dans une chambre du service fermé. Il dort beaucoup. Les visites sont interdites. Chaque soir, j'appelle les infirmiers qui me donnent de ses nouvelles.

« Il est très fatigué et mange peu », me répond-on.

Nous le voyons une dizaine de jours plus tard. Encore vêtu d'un pyjama bleu de l'hôpital dans lequel il flotte, sans ficelle, avec des chaussons en plastique. Un uniforme auquel je ne m'habitue pas.

Il arrive la bouche ouverte, les yeux vides, l'air ahuri. Il ne tient pas debout, épaulé par un infirmier. Je me force à lui sourire, mais les larmes remplissent le bord de mes yeux. Son père me lance des regards désespérés. Il peine à parler, mais je perçois un léger sourire qu'il force.

— Alors Arthur, ça a l'air d'aller mieux? lui lance-t-il pour s'en convaincre.

Jusqu'à maintenant, Pierre avait-il refoulé son chagrin devant un tel spectacle? Je le sens touché, anéanti à son tour. Il vient d'avoir un bébé. Peut-être que cette nouvelle paternité l'a changé. Sans doute est-il heureux avec sa troisième épouse. Je m'en réjouis pour lui, pour Arthur et égoïstement pour moi. Il est un peu plus présent et impliqué.

Quelques jours plus tard, le même processus est à l'œuvre. Arthur revient parmi les vivants avec son regard qui se fait chaque jour un peu plus vif. La petite lumière dans ses yeux clignote à nouveau. Il apprécie son médecin, la femme au beau sourire. Les rendez-vous que j'ai avec elle sont réguliers. Je lui demande si elle confirme le diagnostic des troubles de l'attention, elle me répond que la Ritaline qui lui avait été prescrite n'est pas compatible avec son état maniaque. Ce médecin est, à mes yeux, la plus compétente, la plus disponible, la plus brillante.

Elle ne cessera d'expliquer à Arthur que son cerveau est à saturation des drogues et que la prochaine prise sera plus dure et la réparation plus longue. Il hoche la tête, prend un air accablé, mais je vois bien que le dévoreur en lui ne veut pas de ces préventions. Il veut sa came pour calmer ses angoisses.

Plus il se drogue, plus les crises d'angoisse redoublent, non maîtrisables et chaque fois plus fortes. Je sais que s'il était dehors en cet instant, sa main tremblerait devant la tentation. Ce sont alors les médicaments qui vont calmer cet impérieux besoin. Il remplace les drogues illicites par les drogues légales.

Sa seule obsession désormais est de ne pas manquer de tabac. Son père et moi arrivons régulièrement les mains chargées de cigarettes. Les infirmiers collent son nom sur les paquets et l'emmènent fumer sous surveillance, dans une cour à l'intérieur du service. Pour l'instant, il n'a pas le droit de descendre seul dans le jardin de l'hôpital. Sa vie est rythmée par quelques réjouissances. Ses prises de médicaments qui le défoncent, ses pauses clopes et nos visites.

— Ici c'est la prison ! C'était mieux à Sainte-Anne, se plaint-il au bout de quelques semaines.

Je constate effectivement que le règlement est beaucoup plus strict. Pas de ping-pong, pas de baby-foot, pas de bibliothèque, pas de buvette, rien qui pourrait faire diversion à un esprit torturé. Une malheureuse télévision toujours branchée sur la même chaîne crachote en sourdine. L'endroit transpire la maladie et l'ennui, c'est un vaisseau fantôme où seuls les rires des infirmières apportent un souffle de vie. Arthur harcèle le personnel pour fumer plus et négocier un peu de liberté, qu'on ne lui accorde pas. Il exige, réclame sans cesse, mais je sens que les infirmiers ont une petite tendresse pour lui, avec qui ils échangent sur le cinéma, la musique lorsqu'il va bien. Dans le service, une cabine téléphonique est à la disposition des malades. Lorsque je vois « numéro masqué », je sais que c'est lui. Il appelle souvent pour tromper son ennui et se plaindre de sa prison.

Un jour, je croise une jolie jeune femme d'origine indienne. Nous attendons que l'on vienne nous ouvrir la porte cadenassée du service.

— Je viens voir mon oncle. Il veut se suicider car sa femme est morte. Je ne supporte pas cet endroit. C'est la mort ici, dit-elle.

Nous nous dirigeons chacune vers la chambre de notre souffrant.

La tentation

L'étau de sa prison se desserre au fil des semaines. Il a enfin le droit de sortir dans le jardin seul pour fumer. Je lui propose de lui acheter des revues et des livres, mais il me dit qu'il ne peut pas lire car les médicaments lui retirent toute concentration et sa vue se brouille au bout de quelques minutes. Je demande à l'interne s'il existe des activités. Non, bien sûr, nous ne sommes pas au Club Med. Elle lui propose des séances de groupe sur l'addiction.

— C'est nul, répond-il.

Il ira une fois, restera dix minutes et sortira fumer.

Avec le temps, le docteur V. lui fait confiance et accepte qu'il sorte dans l'enceinte du bâtiment. Il nous réclame de l'argent pour aller s'acheter des Cocas et des gâteaux à la cafétéria à l'entrée de l'hôpital. Quelques jours auparavant, il m'avait demandé sa cigarette électronique. Mais cette soudaine envie avait un but bien précis : aller acheter au tabac d'en face du liquide à base de CBD, du cannabidiol, une molécule présente dans le cannabis mais sans le THC (le tétrahydrocannabinol) qui, lui, modifie l'état de conscience. Cette substance qui rend *stone*. Le CBD évite ce que l'on appelle le *bad trip*. Il n'a pas d'effets psychotropes et est vendu dans certains tabacs en toute légalité.

Lorsqu'il rentre, les infirmiers lui demandent de vider ses poches et découvrent ce liquide suspect qui lui est confisqué sur-le-champ.

Le lendemain, il se fait sermonner par le médecin qui s'inquiète de son besoin de retrouver les sensations de la fumette et lui serre à nouveau la bride. Arthur ne guérit pas de son besoin de plaisir qui le tyrannise. Il pense came matin, midi et soir. Retrouver par tous les moyens ce qui le colle au plafond, même si cela doit le ramener inexorablement à l'hôpital ou prolonger son séjour. Il se fiche des conséquences. Il cherche avec avidité l'engourdissement du corps et de l'âme, même s'il le précipite au fond du gouffre.

Le discours médical est inefficace, infructueux, inaudible. Il ne comprend pas et rétorque que tout cela est parfaitement légal.

Son père et moi sommes découragés. Il n'entend rien, ne comprend pas pourquoi on lui interdit son « délicieux » liquide. Son ardent besoin est plus fort que tout. Parfois, il semble que la volonté soit là, mais elle est fugitive. Elle lui file entre les doigts. Je lui dis :

— Arthur, tu dois te débarrasser de cette envie permanente de fumer, même du CBD !

— Mais le CBD est en vente libre, c'est légal, répond-il, décidé à me convaincre.

— Mais ce n'est pas un problème de légalité ! La question est de te sevrer une bonne fois pour toutes. Tant que tu auras ce désir impérieux, tu n'y arriveras pas.

Ce dialogue ne va nulle part. Il pense à son plaisir immédiat et non aux conséquences.

Les curés ou le Sud

Je comprends alors que toutes ces hospitalisations qui se superposent ne servent à rien, excepté à le priver de liberté pour l'empêcher de se droguer. Sur lui, le contrôle est antiproductif. Je sais que l'on retarde le processus et qu'il recommencera une fois sorti. J'enrage contre le système hospitalier qui n'accompagne pas le patient dans un travail de psychothérapie par manque de moyens. Je demande au docteur V. si elle connaît des centres qui pourraient accueillir Arthur, mais elle n'en connaît aucun. Je commence à regarder les établissements qui existent pour les jeunes dans son cas. Je ne trouve pratiquement rien. Toutes les cliniques se ressemblent : elles prennent les patients un temps, mais aucune ne semble proposer un travail de fond.

Seules de rares associations tenues par des curés à la campagne sont dans une démarche un peu différente. « Vivre heureux sans drogue » est la devise de l'une d'entre elles. L'association propose sur son site Internet trois piliers : « Travail, amitié, quête de Dieu. » J'appelle sans plus tarder et m'entretiens au téléphone avec un homme. C'est une voix de curé, susurrante, douce, melliflue, posée et rassurante. Il m'explique qu'ici les jeunes toxicomanes sont remis sur le droit chemin.

Une vie en communauté qui exige un travail à la ferme, un potager, des animaux, du travail d'artisanat. Les accompagnants, qu'ils soient religieux ou laïques, sont formés et parés pour affronter la problématique de la toxicomanie. On y acquiert le sens de l'amitié, de l'altérité, de la responsabilité, pour enfin y trouver la « guérison intérieure ». Cet endroit me paraît tout à fait adapté pour Arthur. L'homme avec qui je converse me fait une excellente impression.

Je lui demande alors quelles sont les conditions pour être accepté dans son centre.

— Votre fils doit nous appeler. C'est à lui de faire la démarche !

Je comprends alors que l'affaire se gâte, mais n'en laisse rien paraître.

— Oui, bien sûr, vous avez raison… Je vais lui en parler et il vous appellera s'il veut.

Je raccroche avec le sentiment d'avoir trouvé la Terre promise, mais j'ai le pressentiment qu'Arthur s'y opposera. Trop de contraintes et il n'en veut aucune. J'en parle à Pierre qui est enthousiasmé, mais je freine ses ardeurs en lui rappelant qu'il reste à convaincre l'oiseau de rentrer dans une nouvelle cage.

Je continue mes recherches. Le fiancé de ma fille me parle d'un centre dans le sud de la France. Un de ses amis d'enfance, bipolaire, y a séjourné quelques années.

Je cherche sur Internet et tombe sur un article de *Libération* daté d'il y a dix ans. Il vante un centre psychothérapique basé sur les groupes de parole. Ici rien n'est fermé, aucune chambre d'isolement, pas d'infirmière en blouse blanche. L'hospitalisation est libre et basée sur le consentement des malades, principalement des jeunes. L'article indique que les patients sont accueillis dans « une magnifique bastide » loin des couloirs glauques des hôpitaux psychiatriques, comme en témoignent les photos du site. Je décide d'appeler le journaliste qui a écrit l'article il y a dix ans déjà et lui demande les coordonnées du médecin chef. Il me les envoie.

L'homme est malheureusement à la retraite, mais il me fait comprendre à demi mot que lorsqu'il était à la tête de cet établissement, « c'était mieux ». Les financements fondent, l'équipe a changé. Je perçois alors une déception chez lui. Il ne me donne aucun contact, mais je suis prévenue.

Je demande à parler au médecin chef. L'homme que j'ai au bout du fil n'est pas très aimable et demande froidement :

— Quelle est la situation de votre fils, Madame ?

— Ça fait quatre années que mon fils prend des substances…

Je lui fais alors la longue liste des drogues.

— Il va d'hôpital en hôpital et je ne vois aucune amélioration. Les psys, ça ne marche pas. J'ai entendu parler de votre clinique et il semble que vous ayez des résultats.

— Où est-il en ce moment ?

— Il est hospitalisé en région parisienne.

— Il faut que l'hôpital nous envoie son dossier, nous l'étudierons. Il y a six semaines d'attente. Ensuite, s'il est accepté, vous devrez venir avec lui pour un entretien préalable.

— Six semaines, mais c'est long, dis-je, déçue.

— Oui, mais c'est le délai, Madame.

Pierre et moi proposons les deux options à Arthur : les curés ou le Sud.

— Non, je ne veux pas aller chez les curés à la campagne, je préfère la clinique dans le Sud.

Adieu les curés. Pourtant, il semblait, il y a quelques années, porté sur la foi.

Comme toujours, l'espoir s'enroule autour de mon cœur en miettes. Je scrute la lumière au bout du tunnel. Encore une fois, palpitante, j'attends le salut.

Au bout de deux mois, Arthur veut sortir de l'hôpital. C'est une supplique quotidienne. Une obsession. Sortir de son cachot. Il veut revenir chez moi. Je lui réponds que c'est impossible. Les vacances approchent. Son père part au mois de juillet et moi au mois d'août. Je sens qu'il commence à tourner en rond, agacé et nerveux d'être prisonnier. Il ne va pas assez mal pour rester, mais pas assez bien pour sortir. Je suis dévastée à l'idée qu'il passe ses vacances dans cet hôpital. Un temps, j'imagine le prendre avec moi en Corse tant la culpabilité me ronge, mais tout le monde m'en dissuade. L'amie qui m'invite ne veut pas de lui. La même qui me proposait de le lâcher et de le laisser livré à lui-même. Je dois prendre du repos. J'étais encore prête à faire ce sacrifice. Peut-être partir avec lui faire un voyage lointain, mais il est trop faible. Cette idée idiote m'a effleurée. Nous décidons de le laisser là. Les médecins préfèrent le garder. Ils lui donnent cependant des journées où il peut sortir accompagné.

Avant de partir en vacances, Pierre l'emmène à la Fnac lui acheter un jeu vidéo pour qu'il occupe ses longues journées à l'hôpital. Mais une fois à l'intérieur, Arthur fait un malaise, il s'écroule dans le magasin. Trop de monde, trop de chaleur, trop de vie d'un seul coup. Son père est accablé et, au téléphone, il me dit d'une voix pâle et écrasée :

— J'ai peur qu'il meure.

J'ai envie de hurler, qu'il retire ce mot. Je refuse qu'il pense à cette chose qui me fait si peur.

— Je t'en supplie, ne me dis pas ça, dis-je, affolée, en proie à la peur tapie au fond de moi.

Il insiste. Je veux raccrocher, je ne supporte pas que sa peur et la mienne s'enroulent. Avec sa froideur légendaire, Pierre m'avait toujours protégée de la panique en restant le plus souvent solide, imperturbable, inatteignable. Un barrage contre ma détresse. Si lui glisse, alors je glisse aussi.

Arthur reprend des forces. Ce malaise vagal était sans gravité, mais indique son état d'épuisement et de fragilité.

Trois mois se sont écoulés et il devient évident que l'hospitalisation dans ce service est contre-productive. Nous avons tenté de lui trouver une clinique où il pourrait aller en convalescence en attendant la réponse positive du centre dans le sud de la France. Nous regardons les différentes cliniques avec le médecin. Trop chères ou trop glauques. L'une d'elles, à la périphérie de Paris, attire mon attention. Elle vante sur son site son « originalité élégante et un savoir-faire émérite dans un cadre de soin privilégié » et propose des ateliers sur les addictions. Mais Arthur y est refusé sans raison, non pas par manque de place, mais sans doute parce que son cas leur paraissait trop difficile. En fait, il s'agissait d'un endroit pour bobos déprimés, parfois en proie à l'alcool, et au portefeuille épanoui. Nous revenons immanquablement à la clinique où exerçait la femme à l'élastique.

— Je n'ai pas très envie qu'il retourne là-bas, dis-je, réticente.

Mais le choix est maigre. Il est finalement convenu qu'il y retournera.

Le chemin de la guérison ?

Retour vers le futur. Le sac jaune à nouveau rempli à l'arrière de la voiture. Il retrouve le parc verdoyant de la clinique de la région parisienne où il a déjà séjourné deux fois. Soulagé, il salue le personnel qu'il reconnaît :

— Ah ! Je revis ici… Je n'en pouvais plus de l'hôpital. Je vais enfin pouvoir regarder la télé, un bon lit. Je ne veux plus retourner là-bas.

— Alors tu sais ce qu'il y a à faire si tu ne veux plus retourner à l'hôpital. Il faut en finir avec la drogue.

— Oui, je sais.

Il caresse le vieux chat roux pelotonné dans sa corbeille à l'intérieur de la véranda. Ce chat s'est pointé un jour dans cette clinique et il n'est jamais reparti. Peut-être est-il aussi bipolaire ?

La femme à l'élastique n'est plus là, celle qui prescrivait des médicaments comme des bonbons. Elle est partie.

Je peux partir en vacances un peu tranquillisée, mais j'emporte toujours avec moi un baluchon d'inquiétude.

Mon petit tyran a plus d'un tour dans son sac. Dans sa « boîte à emmerdes », il y a encore des trésors.

Le soleil de Corse et la mer réparent ma dépouille fatiguée. Il y a du monde dans la maison, l'ambiance est joyeuse et je reprends un peu vie. Je nage loin, longtemps et dépose dans l'eau claire toutes ces tensions qui collent à mon corps raidi par l'anxiété. Pierre a pris son tour de garde pour le mois d'août. Arthur m'appelle souvent et me demande s'il peut me rejoindre en Corse. Je lui réponds que ce n'est pas raisonnable, qu'il a besoin de soins médicaux et que je ne peux pas me substituer aux médecins et aux infirmiers, mais une sourde culpabilité s'immisce en moi à chacun de mes refus. Je raccroche, le cœur brisé.

— Tu en as déjà assez fait, me disent mes amis.

Une bonne nouvelle vient rafraîchir l'air comme une douce brise en plein été. Arthur est accepté à la clinique dans le Sud, mais il est convoqué pour un entretien préalable. Son père l'y emmène pour un aller-retour dans la journée, car je suis toujours en vacances.

— Cet endroit a l'air bien, me dit Pierre après l'entretien.

Je demande à Arthur ses impressions.

— Ça a l'air plus *cool* qu'à l'hôpital et il y a une piscine.

Quand Arthur arrive quelque part, c'est l'hôtellerie qu'il regarde. Rien d'autre. Il rejoint l'établissement à la fin du mois d'août.

Le souffle est soudain moins lourd, je sens un peu de légèreté me traverser, un nœud se délier dans ma poitrine. L'horizon semble enfin se dégager. À mon retour, il y a une solution.

On dirait le Sud

Nous sommes dans le train en direction du Sud. Arthur, son casque vissé sur les oreilles, écoute sa musique. Je regarde le paysage filer à toute vitesse. Ce train nous emmène-t-il vers la fin du cauchemar ? Va-t-il enfin guérir ? Encore une fois, je mets mon espoir entre les mains d'une institution, alors qu'il faudrait que je le mette entre ses mains à lui. Souhaite-t-il vraiment guérir ? En a-t-il le désir ?

Le taxi nous dépose devant une jolie bastide du XVIIIe siècle avec une entrée aux grilles en fer forgé. Mais à droite, un long bâtiment moderne défigure le paysage. Je comprends très vite que le château est réservé aux bureaux administratifs et que l'immeuble laid est le lieu de résidence des patients. Comme souvent, les photos étaient un peu trompeuses.

D'un seul coup, des dizaines de jeunes sortent bruyamment du bâtiment. C'est l'heure du déjeuner. Un jeune homme s'attarde sur le pas de la porte. Il parle tout seul et semble s'adresser à des êtres invisibles. Il n'a pas l'air d'aller bien. Arthur me regarde abattu :

— Mais maman, où m'as-tu emmené encore ?

Je sens une colère sourde en lui et ne sais quoi répondre. Je lui dis tout de même pour le rassurer, comme un gamin qui arrive dans une nouvelle école :

— C'est normal, tu ne connais personne, mais tu vas trouver des copains.

Oui, où sommes-nous encore tombés, me dis-je en mon for intérieur, déprimée à mon tour.

La secrétaire nous propose d'aller déjeuner à la cantine et nous verrons le médecin plus tard. J'achète un ticket de déjeuner. Et nous voici à faire la queue dans un self avec des tables en formica et un cuisinier qui fait des blagues de potache. Des jeunes sont en groupe et rient, d'autres sont seuls et semblent perdus, tristes. Personne ne fait attention à nous et c'est tant mieux. Je me rends invisible. Nous sortons fumer une cigarette. Je pose des questions à des jeunes qui sont autour de nous.

Arthur engage la conversation avec une jeune femme. Ils se trouvent des connaissances communes puisqu'elle vient aussi de Paris. Je l'entends dire qu'elle est ici à cause de ses crises d'angoisse et de son addiction aux drogues.

— Je fais régulièrement des crises, des rechutes, des angoisses, je pars et reviens, car je n'arrive pas à décrocher. Je n'arrive pas à poursuivre mes études, reconnaît-elle, soudain sombre.

Je lui demande comment elle se sent ici. La réponse est plutôt positive. Je suis soulagée.

Alban est un beau jeune homme, bon chic bon genre, il porte un bermuda rouge, un polo blanc et des Dockside. Il est seul sur un banc. Je lui offre une cigarette. Je lui demande pourquoi il est ici. Ma question est intrusive, mais, curieusement, il est content d'y répondre :

— J'allais bien jusqu'au jour où ma petite amie m'a quitté. Les médecins ont dit que j'ai décompensé et ça a déclenché chez moi une bipolarité et je n'arrive pas à remonter la pente. Je n'ai jamais pris de drogue, contrairement à beaucoup ici, mais je décompense régulièrement.

Il a les coudes posés sur ses genoux, le regard plongé vers le sol. Une tristesse infinie émane de lui. Je le questionne sur ses projets d'avenir. Il m'explique que des amis de ses parents vont peut-être l'engager dans une exploitation vinicole, mais il n'a pas encore de réponse. Il me remercie de notre conversation et part faire sa sieste. Il semble n'avoir aucun ami ici. Je regarde s'éloigner sa longue silhouette qu'il a dépliée, la tête légèrement baissée. Si sa tristesse s'était matérialisée, j'y aurais vu une longue traîne de souffrance. Un sillon d'amertume et de chagrin. J'en suis affectée. Je voudrais bien être Dieu pour aider tous ces jeunes en perdition. Le *deus ex machina* des tragédies grecques qui vient arranger les affaires des hommes.

Je me tourne vers la jeune Astrid qui a déjà adopté Arthur. Elle est sympathique, mais un brin exaltée. Sa vie, c'est en grande partie la cocaïne. Sa meilleure et sa pire ennemie dont elle n'arrive pas à décrocher. Je sens Arthur plus apaisé, puisqu'il se fait déjà des amis.

C'est l'heure du rendez-vous avec le médecin. Il n'a pas de blouse blanche. Une paire de Ray-Ban relevée sur sa crinière poivre et sel, il ressemble à l'acteur Jack Nicholson. Un sourire où je déniche une once de crânerie. Il parle fort, il a un regard perçant. Une lueur machiavélique au fond des yeux. Il prend des poses, le majeur sous le menton et l'index sur la joue, il fixe, sourit, puis se rembrunit. Il joue avec toutes les palettes. Il questionne et laisse entrevoir au patient qu'on ne peut le défier impunément. L'avertissement qu'il ne se laissera pas embobiner. Il me fait une curieuse impression. Il nous explique le fonctionnement du centre. Des groupes de parole chaque matin, puis diverses activités. Parfois des sorties au cinéma, des randonnées, de l'équitation. Il ajoute que si le personnel découvre de la consommation de drogue, c'est le renvoi immédiat. Il se lève pour signifier que le rendez-vous est terminé.

— Arthur, soyez le bienvenu ici. Un pensionnaire va vous faire visiter le centre. C'est comme ça ici. Ce sont les anciens qui accueillent les nouveaux.

Arthur hoche la tête et nous prenons congé.

Un jeune homme accompagne Arthur et lui fait visiter la clinique. Le site Internet promet une salle de musique, mais c'est une vieille batterie au bout du rouleau qui est posée dans la salle avec une guitare. La bibliothèque est peu fournie en livres.

Puis nous sommes accueillis par une infirmière. Elle ne porte pas de blouse blanche, mais un jean et un pull marron, un petit air vaguement *baba cool*. Elle lui indique sa chambre. Froide, blanche, fonctionnelle.

Il est temps pour moi de repartir vers Paris. Je monte dans le taxi, quelque peu rassurée. Arthur est déjà entouré d'une nuée de copains. Je le serre dans mes bras sans effusion, puisqu'il n'est pas seul :

— Ça va aller ?

— Oui, ça va, me rassure-t-il.

J'ai encore le cœur lourd de le laisser ici.

Je lui fais un signe par la fenêtre de la voiture, mais il me regarde à peine. En cette fin d'été, les cigales sont encore à l'œuvre, elles chantent à tue-tête pour une dernière représentation avant l'arrivée de l'automne.

Les jours suivants, les nouvelles sont bonnes. Il semble se plaire là-bas.

— Tu sais, ici, il y en a qui prennent de la drogue.

— Ah bon, mais je croyais que vous étiez testés régulièrement ?

— Ben justement, il y a un gars qui vient de se faire virer.

Il est banni de la clinique trois semaines. Je recommande à Arthur de s'éloigner des mauvaises fréquentations, une fâcheuse habitude dans laquelle réside une grande partie de son drame.

— T'inquiète, me dit-il, sûr de lui.

Palo Alto

Je décide de m'occuper de mon drame à moi : l'inquiétude qui me ronge. Je veux me débarrasser de cette pieuvre à l'intérieur de moi.

Je prends rendez-vous chez un psy. J'abandonne Freud et Jung qui ne me sont d'aucun secours en ce moment.

C'est un praticien de l'approche systémique. L'école de Palo Alto créée en Californie dans les années 1950 par l'anthropologue Gregory Bateson. Un courant initiateur de la thérapie familiale et de la thérapie brève. Cette technique est censée nous éclairer sur ce qui se joue dans le présent et comprendre comment nous interagissons avec les autres et avec les événements. Elle traite les peurs notamment. C'est de la stratégie adaptée à la psychologie.

Je décide de m'attaquer à la frayeur qui est à mes trousses. Je veux la déloger car, dans le fond, elle est le lien qui m'unit à Arthur. Ce lien qui nous détruit.

Je suis assise en face de lui, lovée dans un confortable fauteuil en cuir. Son regard intelligent et bienveillant ne me quitte pas. Je ne sens aucun jugement porté sur mon récit. Il m'écoute longuement.

Au bout de plusieurs séances, il me dit qu'il va me raconter une histoire.

— J'ai un ami qui vit dans les Cévennes. Il a un âne, il adore les ânes… Il le promène sur un chemin escarpé, au bout d'une corde. Soudain l'âne glisse, sa patte arrière est dans le vide et s'agite. La réaction de mon ami est de tirer sur la corde pour ramener l'animal sur le chemin. Mais l'âne panique encore plus et la dégringolade est proche. Alors mon ami lâche la corde. Il lâche prise et l'âne revient sur le chemin.

Il sourit, me regarde intensément et attend.

— Je fais la même chose avec mon fils, je tire sur la corde et c'est pire ?

— Oui, me dit-il en souriant.

Un long soupir et je m'effondre en larmes. Donc je faisais tout de travers depuis si longtemps. Je tire sur cette corde, car je veux le sauver du précipice.

J'intègre cette nouvelle compréhension, mais la peur est coriace : elle est installée depuis si longtemps.

Lors des séances suivantes, il m'annonce qu'il va me demander un exercice difficile.

— Quelle est votre plus grande peur concernant Arthur ?

Son regard profond me soutient. Mais les mots ne sortent pas. Ils affleurent, mais je ne peux les prononcer. Il attend. Patiemment.

— Qu'il meure, finis-je par murmurer.

— Et que fait-on quand on a peur ?

— On s'enfuit, dis-je.

— On s'enfuit certes, mais la peur vous poursuit ?

— Oui.

— Elle n'arrêtera pas de vous poursuivre. Vous avez peur de la peur. Dans ce cas, il faut lui donner rendez-vous.

— Et je fais comment ?

— C'est là que l'exercice ne va pas vous plaire. Il est difficile. Je vais vous proposer une demi-heure par jour de convoquer votre peur et d'être avec elle. Pour cela, vous allez imaginer toutes les situations qui vous effraient. Concrètement, vous voyez votre fils dans la pire des situations. Vous l'imaginez mort, peut-être à la morgue en train de reconnaître son corps ou le voir comme ces SDF errants que l'on croise dans les rues, ou dans les gares, car il ne sait plus où aller.

Je l'arrête.

— Non, c'est impossible, j'en suis incapable, c'est horrible… Arrêtez, lui dis-je, épouvantée.

— Mais c'est justement cette peur qui vous paralyse. Vous allez l'affronter. On va le faire ensemble.

J'accepte. Mais je tremble. Mon corps et mon esprit sont en panique. J'ai froid, ce froid intense qui est tout au fond de moi, glacé, figé. Il me parle en évoquant des situations tragiques. Je lui demande de se taire, je le supplie presque. Il fait une pause et reprend. Je m'arme de courage, décidée à affronter mes frayeurs. Je sors du rendez-vous, titubante, et je me demande si tout cela a vraiment un sens. A-t-il raison de me faire traverser cette forêt maudite, ce cauchemar visuel ?

Je répète ces exercices une fois par jour, mais je ne peux le supporter plus de cinq minutes tant c'est insoutenable. Pourtant je persiste, décidée à traverser les ombres quoi qu'il m'en coûte. Avec le temps, les ténèbres disparaissent peu à peu.

Je retourne à mes séances, mais je lui dis que j'ai arrêté les exercices. La peur a perdu en intensité. Elle est encore là sous une autre forme. Elle n'a pas totalement disparu. Mais l'angoisse, elle, a disparu.

Arthur m'annonce qu'il a rencontré une jeune fille à la clinique. Je me réjouis pour lui. Mais dans quel état psychologique se trouve-t-elle ?

— C'est une schizoaffective, un mélange de bipolaire et de schizophrène. Elle a les deux pour le prix d'un… Comme les shampoings deux en un, dit-il en s'esclaffant. Elle aussi s'est beaucoup droguée.

Ce portrait rapide n'est pas de nature à me rassurer.

Tout changer pour que rien ne change

Le médecin d'Arthur, l'homme aux Ray-Ban, a changé son traitement. Il lui a enlevé les régulateurs d'humeur pour lui laisser les neuroleptiques. Il lui affirme qu'il n'est pas bipolaire, mais qu'il est simplement en proie à une addiction à la drogue. Rien de très éclairant. Mais, selon lui, il ne souffre d'aucune autre pathologie.

Je ne comprends plus rien à ces psychiatres qui changent de diagnostics et contredisent ceux des précédents. Voudraient-ils innover et poser leur évaluation comme on dépose une marque ? Est-ce leur ego qui dirige ?

J'en suis agacée, mais malheureusement impuissante.

Deux mois plus tard, le téléphone sonne. C'est le numéro de la clinique qui s'affiche. Soudain mon cœur s'emballe. L'homme aux Ray-Ban est au bout du fil. Il m'annonce qu'Arthur est renvoyé du centre.

— Arthur a découché et je le soupçonne d'avoir pris de la drogue.

— Mais vous l'avez testé ?

— Non, mais de toute façon il n'est pas rentré dormir. C'est une faute.

L'appel est bref. Arthur est banni trois semaines, mais il peut revenir s'il le désire.

— Arthur m'a menti. Nous avions une relation de confiance. De toute façon, il est schizophrène, me lâche-t-il, et il raccroche, énervé, sans autre explication.

Je reste interdite, le téléphone encore collé à l'oreille alors que la conversation est terminée depuis quelques secondes. J'appelle Arthur pour avoir sa version. Il me dit qu'il est allé voir sa petite amie, Alexia, qui était sortie quelques semaines plus tôt et rentrée dans son studio à Montpellier. Il avait une permission pour la journée, mais devait impérativement rentrer avant 20 heures. Selon lui, il a raté le dernier bus et n'avait d'autre choix que de rester dormir chez elle. Je lui demande :

— Mais pourquoi tu n'as pas prévenu la clinique ?

— Ben je ne sais pas.

Alexia ne voulait pas que l'on sache qu'il était chez lui et lui a demandé de dire qu'il avait couché chez deux autres garçons, renvoyés de la clinique eux aussi quelques semaines plus tôt.

— C'est vrai ce mensonge ?

— Je te jure que c'est vrai.

Avec le temps, Arthur n'a jamais changé de version. Il finit toujours par dire la vérité après un tas de mensonges. Je crois qu'il disait vrai.

Le médecin en déduit qu'Arthur était en bien mauvaise compagnie. Il avait rompu le contrat en ne rentrant pas à la clinique. On ne pouvait pas blâmer l'homme aux Ray-Ban.

Sisyphe

Une fois encore je sermonne Arthur sur ses mensonges qui le mènent continuellement dans le mur. Il acquiesce. Mais tente encore de se dédouaner.

— Mais c'est Alexia qui m'a dit de dire ça.

Toujours le même refrain. L'autre est toujours le responsable et il s'exonère trop facilement de ses propres manquements et de ses responsabilités.

— Et maintenant que vas-tu faire ?

— Je vais aller quelques jours chez Alexia et je verrai…

— Et la clinique, vas-tu y retourner ?

— Non ! Je ne fais rien là-bas, ça ne sert à rien.

Une fois encore l'espoir s'évanouit, s'évapore.

Suis-je Sisyphe ? Ce damné de la mythologie, puni, condamné éternellement à porter un rocher au sommet d'une montagne et qui, une fois arrivé, retombe sans cesse ?

Je refuse de devenir ce personnage absurde, aussi mythique soit-il. Le rocher est son fardeau, pas le mien. Je veux m'en convaincre.

Je décide enfin de le laisser faire ses choix. Je n'oppose aucun refus, aucune résistance. Je ne lui fournis cette fois aucune solution. À lui de conduire sa vie. Mes nouvelles résolutions sont encore fragiles, des sables mouvants dansant sous mes pieds. Je lutte contre la prise de contrôle qui veut s'imposer. Petit à petit, je suis cet homme lâchant la corde qui conduit l'âne.

Arthur passe deux semaines chez Alexia.

Il revient quelques jours à Paris et retourne voir le médecin de l'hôpital Corentin-Celton, la femme au joli sourire. Elle rétablit le précédent traitement. Elle se dit très surprise du traitement qui a été changé.

J'ai envie de leur crier : « Hey, les gars, accordez vos violons ! »

Elle et moi avions fondé nos espoirs dans cette clinique du Sud. Et maintenant ?

Le choix

— Je veux aller vivre chez Maxime et Charles. J'ai pris ma décision.

Il y a une dizaine d'années, un ami m'avait emmenée en week-end chez ses amis d'enfance en Bourgogne. Arthur, qui avait alors 14 ans, m'avait accompagnée. « Un jour j'aimerais vivre ici », avait-il lancé sur le chemin du retour. Je n'y avais pas prêté attention.

Le Relais de la source est une vieille bâtisse nichée au creux d'un vallon entouré de bois et de vignes. Un père et ses deux fils vivent dans ce lieu hors du temps dans une propriété un peu décatie. Des musiciens, passionnés de jazz. Le père, Maxime, s'époumone joyeusement au saxophone et à la flûte traversière, son fils Charles joue du piano et compose, Jean est à la guitare. L'auberge accueille ceux qui aiment ripailler, assister à leurs concerts en fin de repas.

L'on pénètre ici comme dans un sanctuaire dédié au jazz et à la soul. Les musiques d'Oscar Peterson, Ray Charles et Erroll Garner résonnent. Des portraits de John Coltrane ornent les murs jaunis, deux vieux pianos, un Pleyel et un Gaveau, meublent les grandes pièces, un gramophone crache des tubes des années 1930, des têtes de cerfs empaillés sont accrochées aux murs, car ici on aime la chasse. C'est un repaire de musiciens et de chasseurs.

Les parents de Maxime, des artistes compositeurs, avaient quitté Paris pour acheter cette propriété dans les années 1960. Nougaro, Moustaki, Pierre Tchernia, Jean-Pierre Rosnay le président du club des poètes, y avaient leurs habitudes. La vie d'artiste soupire dans chaque recoin. Elle y est ripailleuse et parfois orageuse entre frères. La musique retentit tard dans la nuit et l'on se couche à l'aube avec un bon coup dans le nez.

Arthur n'avait jamais rompu le lien avec Charles, le plus jeune des fils.

Depuis ses 15 ans, ils s'écrivaient et échangeaient sur Facebook.

Il lui a proposé de venir vivre chez eux. Il aidera à la plonge et aux tâches quotidiennes.

Est-ce le meilleur endroit pour un jeune convalescent encore en proie à toutes les tentations ? J'en doute, mais je m'interdis de lui donner mon avis. Il est temps pour lui d'assumer ses choix. J'ai pour détermination d'être la spectatrice de ses décisions. J'ai du mal, mais je m'y tiens.

— Comme tu veux, dis-je, résignée.

Son amourette avec Alexia dure malgré l'éloignement et il semble aller bien. Elle vient le rejoindre quelques semaines au *Relais de la source*. Maxime me rassure. Il la juge « un peu perchée », mais gentille.

Quelques mois plus tard, Arthur m'appelle. Il est mal. Alexia est retournée à Montpellier.

— Elle a disparu, me dit-il. Elle ne donne plus aucune nouvelle depuis trois jours, alors qu'on se parlait tous les jours. Je suis angoissé. Son téléphone est éteint.

Il panique. Charles et moi nous nous lançons dans une enquête. J'appelle les hôpitaux, Charles tente d'appeler des voisins. Aucun signe d'elle. Elle s'est volatilisée.

Arthur ne dort plus. Il est affecté. Il me dit qu'il se sent à nouveau mal.

— Maman, mes pensées vont à toute allure. Je n'arrive pas à les maîtriser. C'est horrible. Le pire, c'est la nuit. Quand je me sens comme ça, c'est pas bon signe.

Mais, cette fois, il sent approcher la crise. Lucidement. Et m'appelle au secours :

— Il faut que tu viennes, je me sens dériver. Et tu vois, là, je te le dis.

Il ne dort plus depuis plus de huit jours. Huit nuits blanches à ruminer. Je prends ma voiture et arrive aussi vite que le vent. Je lui demande s'il a retouché à la drogue. Il me répond qu'il a refumé du cannabis depuis quelques jours et ne prend pas sérieusement son traitement.

Il parle très vite, puis soudain devient taiseux et accablé. Il pleure dans mes bras et dans ceux de Charles. L'angoisse le tenaille à nouveau. Moi avec.

Sa chambre est un immense capharnaüm. Ses habits roulés en boule, des cadavres de bouteilles d'eau et de bière, une serviette remplie de vomi séché et des mégots par terre. J'ai envie de hurler. Tout recommence, inexorablement. Je demande à Charles des explications à propos du cannabis. Lui en fume, mais il me jure qu'Arthur n'y touchait pas, qu'il le cachait. Puis-je le croire ? Bien sûr, c'était un mensonge.

— Je fume quand Arthur est couché, jure-t-il.

Mon fils surprend notre conversation.

— Charles, je t'ai piqué ton shit… Je suis désolé.

Il baisse la tête quand il avoue une faute.

Je n'ai plus de colère. Je crois que je suis résignée.

Il va de plus en plus mal. Il a du mal à respirer et s'étouffe. Je le prends dans mes bras et tente de le calmer. Je l'emmène à l'hôpital dans la ville la plus proche.

L'hôpital est tout petit. Ici l'on vient pour des entorses et autres bobos. Je tombe sur un interne rouquin, très jeune et frêle comme une feuille, avec une petite voix à peine audible. Je lui explique la situation, mais il n'est pas psychiatre et ne comprend pas grand-chose.

Nous perdons trois heures dans cet endroit totalement inadapté à la situation. Je demande à voir un autre médecin qui n'est pas plus compétent :

— Je vais lui prescrire des somnifères et, comme ça, il pourra bien dormir cette nuit.

— Non, vous n'avez pas bien compris, mon fils a besoin de soins psychiatriques !

— Je ne suis pas psychiatre, Madame.

— Je sais, mais dites-moi où je peux l'emmener.

— L'hôpital psychiatrique est à quarante kilomètres.

— Alors appelez-les.

Il revient une demi-heure plus tard et me dit qu'il ne sait pas comment les joindre. Je m'en étonne et commence à m'agacer. Je croise un infirmier et le supplie de m'aider. Celui-ci semble plus dégourdi, mais je reste sans nouvelles plus d'une heure. Je cherche le médecin et cette fois je deviens menaçante en lui intimant l'ordre de faire quelque chose, ou bien je serai dans l'obligation de porter plainte pour non-assistance à personne en danger. Il revient vers mois quelques minutes plus tard, pour me donner l'adresse de l'hôpital psychiatrique sans les avoir appelés.

Je quitte cet endroit maudit. Arthur est sur le fil entre la conscience et sa part de destruction qui veut prendre toute la place. Le dévoreur avance à pas de loups. Lui aussi le sent venir.

Nous sommes cette fois bien accueillis. Arthur est tout de suite pris en charge. Je leur raconte ma mésaventure avec l'hôpital. Ils ne comprennent pas leur attitude, mais en même temps ne semblent pas étonnés. Encore une aberration que je me refuse à comprendre en cet instant.

Épuisée, je repars dans la nuit à l'auberge. Il ne pleut pas, mais je confonds mes larmes avec la pluie. Je me remémore une scène d'un film. Je crois que c'est Ingrid Bergman dans *Aimez-vous Brahms…*, mais je n'en suis pas sûre. Au volant de sa voiture, la femme met les essuie-glaces, croyant que la pluie lui brouille la vue, mais ce sont ses larmes.

Je raconte mes mésaventures à Charles.

Le lendemain, j'appelle l'hôpital. Arthur a encore passé une nuit blanche.

Il est agressif, paranoïaque. Le dévoreur a repris sa place et la crise maniaque s'est à nouveau installée. Je l'ai livré aux psychiatres. Encore une fois, je ne peux plus rien faire. Je rentre à Paris et appelle son père.

Le disque rayé

Je ne bois jamais. Je n'aime pas ça. Le recours aux brumes de l'alcool ne me procure jamais aucune évasion. Le vin ne me réussit pas. Un verre, même si je le déguste avec plaisir, me donne un mal de tête comme si j'avais un orchestre de tambourins dans la tête. J'aimerais parfois perdre un peu le contrôle et me laisser envahir par une quelconque volupté. Mon sang accepte un verre, pas deux.

Je voudrais m'abrutir d'anxiolytiques ou d'antidépresseurs. Je ne les supporte pas, ils font grandir mes angoisses et me terrassent bien plus encore. C'est injuste. Quand d'autres étouffent leur mal, le mien s'intensifie, grossit. J'ai besoin de toute ma lucidité. Tout mon être, mon cerveau, mes cellules refusent la manipulation chimique. J'aurais envie de pouvoir m'y noyer, endormir les douleurs, les étouffer. Mais les lendemains sont pires.

Mais ce soir j'ouvre une bouteille de vin que des invités ont laissée. Le premier verre me fait déjà tourner la tête, car j'ai besoin de l'anesthésier tant ma souffrance possède tout. Au bout d'une heure, c'est un marteau-piqueur qui prend tout mon crâne. J'ai l'impression que les murs de mon appartement se rétrécissent. J'ai envie de hurler au monde ma douleur et mon impuissance. Mais personne ne peut rien contre mon mal. Personne ne m'entend.

Arthur est hospitalisé pour la septième fois. Il est loin. Il est à nouveau en proie à une crise psychotique. Les infirmiers que j'avais pu côtoyer auparavant n'étaient pas très explicites au téléphone. Ici ils sont diserts, disponibles et abondent de détails. Ils sont d'une gentillesse inhabituelle. Arthur a des hallucinations, ne dort pas malgré les médicaments, il reste étrangement en veille. Les infirmières me disent :

— Il ne mange pas. Il délire, entend des voix, a des visions.

Une armée de fantômes bataille dans sa tête. Seul dans sa chambre d'isolement. Je l'imagine dans son pyjama d'hôpital que je connais trop bien. Le seul réconfort est de penser à ma propre mort. En finir, pour ne plus supporter. Et si la folie m'emportait elle aussi ?

Il faut que je sorte. Je descends acheter des cigarettes que je fume les unes après les autres. J'écris pour survivre, car rien d'autre en cet instant ne m'apaise. Je l'imagine dans sa nuit, se débattre avec des démons insatiables, et je ne peux rien, excepté attendre une accalmie qui n'arrive pas encore.

J'aime tant cet enfant que je le hais en cet instant, tant il me fait souffrir.

Je voudrais être dans une forêt pour hurler. Dans les villes, il est interdit d'aboyer à la mort… Je me contiens.

Mes amis ne sont d'aucune aide. Que me diraient-ils ? Que tout va s'arranger ? « Ne te fais pas de soucis. » Certaines me disent de prendre de la distance. « Protège-toi ! » Mais de quoi me parle-t-on ?

Devrais-je m'étourdir dans les dîners ? M'esclaffer ? Celles qui me disent cela, je les connais bien. Elles, qui sont habituées à compter les plissures de leur nombril. Je ne perds plus de temps à raconter mes malheurs.

Je me terre chez moi. Je refuse pour un temps les dîners, les sorties. Mes lèvres peinent à sourire. Je vais mal.

Je fais face seule, comme toujours, obligée de me contenir, de convoquer mon courage et mon endurance. M'accrocher à cette ancre au fond de ma mer de glace. Celle qui me tient depuis toujours.

Je me suis fait des pâtes qui baignent dans du beurre. J'ai mal au cœur.

Demain, avec son père, nous partons voir notre petite épave. Me lever, m'habiller, cela me paraît insurmontable. Mais comme toujours, la force qui semble m'abandonner reprend vigueur le matin. La vie gagne. Pourquoi je ne m'écroule pas ? Je ne supporte plus ma force. Celle qui me tient encore debout.

Abandonne-moi, par pitié. Laisse-moi me rouler dans mon lit en chien de fusil. Je veux le fusil, pas le chien. Dormir. Dormir. Éternellement. Que le cauchemar cesse.

La route de la Bourgogne

Le lendemain, nous voilà partis Pierre et moi. Je monte dans sa voiture avec un siège bébé à l'arrière. À 60 ans, il vient de faire un enfant avec la troisième. Les gens qui nous croisent à la station-service nous prennent sans doute pour des grands-parents qui vont chercher leurs petits-enfants. Cette épopée en Bourgogne me paraît surréaliste. Mais je suis avec lui et cela me rassure. Il n'a pas été souvent présent, mais, cette fois-ci, je peux compter sur lui.

Il a mis son GPS, mais celui-ci parle russe. Il ne sait pas le régler. Il hurle à tout instant et on ne comprend rien, évidemment, à la direction qu'il faut emprunter. Il a le nez rivé au tableau de bord.

— Dis donc, tu te traînes, non ?

Je trouve qu'il roule comme un petit vieux.

— C'est limité à 70 km/h, il y a des travaux, me répond-il, précautionneux.

C'est vrai. Mais je suis pressée d'arriver et, à la fois, je voudrais être ailleurs… Surtout pas ici, pas les fesses dans cette voiture. Je n'ai pas vu Arthur depuis le jour de son hospitalisation. Depuis dix jours, puisque les visites sont interdites. Je sais que son état s'est dégradé et je redoute encore cette tragique confrontation.

Ici on roule pépère, les Bourguignons sont pacifiques, calmes, gentils. Les plaines sont verdoyantes, un soleil curieusement printanier pour le mois de février est apaisant. Il chauffe mon visage à travers la vitre et m'offre quelques minutes d'évasion.

Le centre psychiatrique est au bout d'une petite allée fleurie, bordée de platanes. Les locaux sont impeccables, neufs. On se croirait dans un nouveau centre des impôts. Rien n'indique qu'à l'intérieur les vagues sont en furie.

Nous sommes accueillis avec beaucoup d'égards. L'infirmière nous ouvre un bureau avec une table, des chaises et une autre table d'auscultation bleue en simili :

— Je vais chercher votre fils.

Et elle s'en va d'un pas dynamique. Pierre me lance un regard inquiet. Dans quel état allons-nous le retrouver ? Charles est venu avec nous, il est hagard. Inquiet lui aussi.

En l'attendant, des hurlements d'une femme s'échappent de je ne sais où. Elle crie à fendre les murs, mais on ne la voit pas. Des cris sauvages. Qui s'arrêtent net. Puis reprennent avec vigueur. Avec une curieuse régularité.

J'entends Arthur qui referme la porte au nez des infirmières pour passer le sas. J'entends :

— Venez Arthur, ce sont vos parents, ils sont là.

Mais il imagine qu'on lui raconte des sornettes. Il ne les croit pas, alors nous lui apparaissons. Il arrive. La bouche ouverte, les yeux en bas du visage. Un pyjama bleu pâle. Il est coiffé et rasé de près. L'hôpital paie un coiffeur qui s'occupe une fois par semaine de tous les patients. Souvent, les malades psychiatriques sont maculés de taches, de bave séchée aux commissures des lèvres, de traces de pipi sur le pyjama et, pour la coupe de cheveux, on reste dans le style sauvage de Dersou Ouzala.

En arrivant sur le seuil du service fermé, je vois passer un monsieur avec des yeux tout ronds. Il trimbale une vieille valise marron en carton, une sorte de casserole et un appareil bizarre qui ressemble à une batterie. Ce n'est évidemment pas le plombier, mais un patient qui imagine qu'il va bientôt partir en vacances. Il attend devant une porte qui ne s'ouvrira jamais. L'infirmière lui demande de retourner dans sa chambre. Le personnel se déplace au son d'un cliquetis. Celui d'un trousseau de clés dans leurs poches ou accrochées à leur ceinture. Elles ferment toutes les portes y compris celles des w.-c. On les entend arriver de loin, sonner la cloche.

Arthur avance d'un pas lourd. Ses pieds pèsent une tonne. Il tient à peine debout. Il se plante devant nous. Me regarde et me lance :

— Je viens de sniffer de l'éther.

Interloquée, je regarde l'infirmière qui me fait non de la tête levant un peu les yeux au ciel, un léger sourire compatissant. On entre dans le bureau. Brindille il est redevenu. Quelques kilos en moins. Il marmonne, dit n'importe quoi. Le vrai, le faux, le réel et le surréaliste vagabondent dans sa tête qu'il tient entre ses mains.

— Chut, dit-il, j'écoute.

Il écoute ses voix en lui qui lui parlent. Il écarquille les yeux, puis se met à crier. Il confond le jour et la nuit. Hier avec aujourd'hui. L'infirmière lui demande :

— Monsieur S. Savez-vous quel jour nous sommes ?

Il répond qu'il ne sait pas.

— Et quel mois ?

— Au mois d'août, répond-il au pif.

— Non, nous sommes au mois de février.

Puis il se met à pleurer. Divague. Il est épuisé. Charles lui dit, paniqué :

— Reviens avec nous mon pote. Je veux que tu rentres, on ne va pas te lâcher.

Arthur pleure encore dans d'étranges moments de conscience. Les sanglots redoublent, puis soudain il raconte qu'hier, il a pris de la cocaïne et a fumé un gros pétard. Et qu'il est allé sur Facebook alors que son portable lui a été confisqué depuis que son état s'est aggravé. Les lacets de sa tête s'entremêlent.

Mes larmes vont débarquer avec leurs gros rouleaux. Je sors et m'effondre dans le couloir sous le néon blanc. La main de la gentille infirmière se pose comme une hirondelle sur mon épaule. Elle est habituée.

Il y a quinze jours, c'était un garçon joyeux et vif. Cela me paraît encore inconcevable malgré la triste habitude de le voir plonger dans ces abîmes. Et pourtant, ce qui ressemble à la folie peut entrer comme un coup de vent par une petite fissure et ravager toute une façade. J'inspire profondément et vais retrouver mon nid de coucou.

Pierre doit raccompagner Charles à l'auberge car des clients arrivent à l'hôtel. Il sera de retour dans une heure. Je redoute un face-à-face avec cette âme désaxée. Je ne veux pas que l'infirmière parte. De toute façon, elle veille sur lui comme sur un caneton. Il n'est jamais seul, excepté dans sa chambre d'isolement où il n'y a rien. Seulement un lit.

Le caneton s'agite comme une poupée désarticulée, puis s'allonge, épuisé, sur la table d'auscultation en plastique bleu. Il s'assoupit. Puis l'infirmière me propose de nous apporter de l'eau et s'en va la chercher. Une fois sortie de la pièce, Arthur se relève comme un diable de la boîte, il lève le doigt en l'air et me lance :

— Je vais te tuer, je vais te tuer.

Son regard n'est pas le sien. Qui est cette mauvaise personne en lui ? Ce démon qui veut m'exécuter ? J'ai l'impression d'être dans *L'Exorciste*.

Puis il se met à pleurer et me dit qu'il va mourir. Je lui réponds que non. Il est trop tôt. Il s'embrouille. Il sanglote :

— Je veux mourir. Je veux qu'on jette mes cendres dans l'eau et qu'on les brûle.

Je ne peux m'empêcher de rire et lui faire remarquer que c'est compliqué de mettre le feu à des cendres dans l'eau. J'attends qu'il rie de sa confusion, mais il reste sombre. Un Arthur sans humour, c'est grave. Combien de fois avons-nous, lui et moi, eu des fous rires à en pleurer ? Je trouve le temps long à écouter ce fleuve impétueux d'inepties. Son délire m'exaspère. Quelle part de manipulation ou de comédie y a-t-il chez lui ? Je veux qu'il redescende sur terre, mais il voyage visiblement dans d'autres dimensions où les fantasmes sont sa seule réalité.

Il s'allonge, s'assoit, se lève. Puis dessine des formes bizarres avec ses bras. On dirait Vishnu. Se met en position de yoga. Les délires succèdent aux crises de larmes. Je lui masse les pieds et lui mets les concertos de Bach pour quatre claviers que j'ai sur mon iPhone. Il fait de grands gestes de chef d'orchestre et se prend pour Barenboim. Se relève. Et me fait signe avec sa main de m'approcher de lui. Il me glisse à l'oreille :

— Je vais tous vous détruire.

J'ai hâte que Pierre revienne. Je suis à bout, mais j'ordonne à mon esprit de garder son calme.

Pierre revient. Mon ex-mari ne montre aucune trace de déstabilisation, mais je remarque son visage tiré. Ses traits et son regard disent toujours l'essentiel. Il se maîtrise. Moi aussi. Je vais me cacher pour pleurer.

Je les laisse tous les deux et je vais parler aux infirmières.

— Ne vous inquiétez pas, votre fils est en pleine crise. Il va redevenir comme avant.

Elles m'assurent avoir vu des jeunes dans ce même état après avoir consommé de la drogue et retrouver leur état normal après un certain temps, à condition, ajoute une autre, péremptoire, « de prendre ses médicaments ».

Je m'accroche à cet espoir. Je me souviens encore de tous les infirmiers. Je reconnais leur voix au téléphone. Ils ne sont pas cher payés, mais sont riches de bienveillance, de compassion, de patience, quand certains médecins restent froids et distants. Ces hommes et ces femmes malaxent la pâte humaine, cherchent à comprendre son histoire, ses déboires, ses souffrances. Tous ont été une épaule compatissante. Offrant cette chaleur que n'apportent pas les savants.

Il est temps de partir. Nous sommes restés bien trop longtemps. Nous n'avons pas déjeuné, mais il est déjà 17 heures. J'ai faim malgré tout. Comme un malheur n'arrive jamais seul, nous nous arrêtons au Burger King.

Retour à douze à l'heure. Pierre n'est pas un nerveux du volant. Un excité lui fait un doigt d'honneur car il roule trop doucement. Nous discutons. Il me rassure, il est gentil. Pour la première fois, le glaçon a un peu fondu. La guerre de Cent Ans a-t-elle pris fin ?

Nous arrivons à Paris. Je rentre et passe chez Julie pour dîner. Je ressemble à un drap blanc. Une rencontre furtive avec un miroir m'achève. On se fait deux œufs à la coque comme deux fermières. J'ai hâte d'aller me coucher. Une fois dans mon lit, je ferme les yeux, mais je vois le regard terrifiant d'Arthur qui me fixe.

Cette vision s'invite à chaque fois que mes paupières se ferment. L'angoisse déboule. Cette pieuvre s'enroule et m'étouffe.

Le lendemain, c'est un mal de tête qui me réveille. Je pleure, je sanglote. Les larmes tombent dans mon café qui devient encore plus amer. Je passe d'une indicible tristesse à une colère bouillante. Cet enfant torture ma vie et en plus il « veut me tuer ».

Je pars faire de la gym plutôt que de gémir sur mon canapé. Je n'ose pas sortir. J'ai tant pleuré que mes yeux sont minuscules, gonflés. On dirait un puma entre deux siestes. Je suis accablée et je peine à faire mes abdos. Je fais un sauna, mais ma tête tambourine encore. Je monte sur mon scooter. Je prends le périphérique et je me mets soudain à pousser un cri de bête. Je hurle à la mort en tournant sur la poignée d'accélérateur, je me libère. Une voiture me double. Le conducteur m'a-t-il entendue ? Dans le doute, je me redresse et prends mon air pincé de bourgeoise sur sa monture. Je me sens mieux, mais enrouée tant j'ai crié. Si fort. Pour la première fois.

Une fois à la maison, j'appelle Pierre, car je suis angoissée et mon cerveau mouline. Pourquoi Arthur veut-il « me tuer » ? Ça me taraude tout de même. Pierre me rassure et, plus tard dans la soirée, m'écrit ce message : « Je suis en train de lire une nouvelle de Kundera : *Si un dément te dit que tu es un poisson, vas-tu te déshabiller pour lui montrer que tu n'as pas de nageoires ?* C'est comme ça avec notre Arthur. Pas la peine de lui montrer qu'il se trompe. Il est pour l'instant ailleurs. Il faudra être là quand il va sortir de l'eau. »

Son message me fait du bien.

La résurrection

Il n'y a plus qu'à attendre que le poisson sorte du bocal pour retourner dans les fleuves et les ruisseaux. Comme à chaque crise, j'espère que c'est la dernière. Que le dégoût des hôpitaux sera plus fort que la tentation. Il promet : « Cette fois, c'est fini ! » Il sait que son cerveau n'accepte plus aucune substance. Parfois j'ai l'impression que quelques neurones se sont fait la malle.

Quelques jours plus tard, il refait surface.

— Il va mieux, me dit l'infirmière... On va vous le passer.

Au téléphone, sa voix est plus claire. Il semble plus apaisé. Je guette le propos incohérent. Je n'entends rien de bizarre. Mon cœur fait des bons de cabri. Mais quand je reprends l'infirmière au téléphone :

— Votre fils m'a dit que vous étiez partie au Zimbabwe.

— Ah non, pas du tout, je suis à Paris... J'ai été au Zimbabwe, mais il y a vingt ans.

Je serre alors les rênes de mon enthousiasme. Il ne faut pas s'emballer, la brindille est encore fragile. Est-ce un répit dans son délire ou une nette amélioration de son état ? Le lendemain, il m'appelle et me demande si « papa est mort ? »

— Non, il est bien vivant.

Ses peurs et ses angoisses livrées en pâture à un cerveau qui n'a plus de filtres.

Le mien est sur un manège. Il monte et il descend, m'envoie des stimulations pour ne pas m'effondrer, mais aussi des variations de désespoir. Du petit au plus profond. Dans les profondeurs, je plonge parfois. Pour me sauver, j'écris. Arthur, je ne peux pas le sauver.

Trois jours plus tard, le poisson refait miraculeusement surface. La voix est pâteuse, mais le propos clair. Pas de signes de délire. Il commence à dormir après plus de quinze nuits sans sommeil malgré les médicaments. Le médecin me dit qu'il y a une nette amélioration, rapide et notable, mais me répond :

— Je ne vais pas vous donner un quatrième diagnostic…

— Mais nous l'avons eu le diagnostic !

Il me dit qu'il va demander son dossier à Corentin-Celton, l'hôpital du docteur V., la femme au joli sourire.

L'accalmie

Quinze jours plus tard, nous revoilà repartis en Bourgogne avec Pierre. Cette fois, Camille nous accompagne. J'ai l'impression d'avoir fait un saut quantique. Cette situation était impensable il y a encore un an. Me retrouver dans la voiture de mon ex-mari qui me vouait une rancœur inextinguible, avec notre fille. Je la regarde dans le rétroviseur. Je la trouve belle. Elle est élégante, avec son profil de reine égyptienne. Un long cou et un nez droit, long et fin. Des mains gracieuses. C'est désormais une femme. Elle va se marier l'année prochaine. Nous sommes là, à parler de son mariage, de l'intendance, de l'organisation. Comme si les vingt ans de guerre avec son père n'avaient jamais existé, comme si nous étions une famille unie. Nous sommes une famille et, en ce jour, nous sommes unis.

— Finalement, mes conneries ont réussi à vous réunir, lance Arthur quelques mois plus tard.

— Tu aurais pu trouver un autre moyen.

L'hôpital me fait la même impression que la dernière fois. Tout est propret. Les murs immaculés, le sol parfaitement luisant, les infirmières souriantes et serviables. Arthur arrive.

Il est pâle, encore maigre et un peu voûté. En l'embrassant, je sens une haleine chargée. Il est heureux de nous voir :

— C'est sympa d'être venu, je suis content de vous voir.

— Nous aussi, répondons-nous en chœur.

Nous nous forçons tous à sourire, d'un sourire las. Las de nous voir toujours autour des blouses blanches. Comme si le drame seul savait nous réunir.

Il est épuisé. Nous sommes cette fois dans le secteur ouvert où déambulent les malades. Une grande baie vitrée donne sur un petit potager sans doute entretenu par les patients. On nous regarde arriver comme si nous étions sur le tapis rouge de Cannes. Les visages figés nous scrutent en penchant la tête, la bouche légèrement ouverte. On fait un signe de tête que l'on ne nous rend pas. D'autres ne font pas attention, ils jouent au scrabble avec des infirmières. Une vieille dame est comme écrasée sur sa chaise. Décatie, avachie comme si sa tête était directement posée sur sa poitrine difforme où l'on a du mal à distinguer les seins du ventre. La tête toute tordue, penchée en avant avec un bout de langue qui pendouille sur le côté de la bouche. Nous ne sommes pas très à l'aise. Je blague avec Arthur qui a retrouvé son humour :

— T'as vu, je suis bien entouré… À chaque fois, tu remarqueras que je déniche des endroits sympas où vous pouvez venir me voir, dit-il en riant.

Je vais fumer une cigarette avec lui. De loin, je regarde ce couple que forment Camille et son père qui papotent. Ils ont des regards complices. Je me regarde avec Arthur. Nous formons aussi un couple fusionnel.

Il y a eux et il y a nous. C'est le mur de Berlin. Eux à l'Est, nous à l'Ouest.

J'étais si proche de Camille, mais quelque chose s'est brisé quand son père l'a enlevée à moi, quelques années après notre divorce, sans doute pour me blesser. Me punir d'être partie. Il lui a proposé de lui louer un studio. À 18 ans, on ne rêve que d'indépendance. Elle est partie alors que je m'y opposais et puis elle m'a échappé pour de bon. Elle n'a eu de cesse que de retourner sous l'aile de son père. Elle n'a pas voulu de la mienne. J'en ai longtemps été éprouvée.

Quand je me rapprochais de Camille, Arthur y voyait un désamour. Quand je cédais à Arthur, Camille y voyait une préférence. Parfois je ne savais plus quoi faire. Pourtant, dans mon cœur, il y avait de la place pour tout le monde.

Les relations entre eux deux sont nourries de méfiance et de défiance réciproque. Autour du nœud gordien des parents, les enfants se sont aussi noués, fabriquant leur propre écheveau, difficile à délier. Comme si chacun avait choisi son camp et ne cessait de le reprocher à l'autre.

Pour détendre l'atmosphère, Arthur propose de faire un ping-pong dans la salle de jeux aux murs vert pomme. L'ambiance s'allège. La brindille est alerte et les balles rebondissent. Pierre contre Arthur. Camille contre moi.

Puis un patient passe devant nous sans nous voir et pollue l'atmosphère en lâchant un pet tonitruant. Nous partons dans un éclat de rire.

Avec Camille, nous allons chercher un Coca au distributeur. Le péteur s'est assis plus loin, mais il a traîné avec lui son terrible fumet. Nous traversons le nuage toxique, le col roulé sur le nez, et nous sortons en riant.

En retournant dans le service, un patient éberlué nous fait des grands gestes par la fenêtre. Il agite les bras désordonnés en guise de salut.

Nous rentrons et l'odeur me saisit à la gorge. Une odeur de mal-être difficile à décrire. Elle pèse lourd. Comme toutes ces haleines encombrées de médicaments. La maladie sent mauvais.

Il est l'heure de rentrer. Nous laissons la brindille à son triste sort. Il repart vers sa chambre. À chaque départ, c'est son regard tourné vers nous qui me rend si triste. Je voudrais lui dire dans un accès de colère qu'il ne doit s'en prendre qu'à lui-même, que tout cela est sa faute, mais ça ne m'apaise pas. Alors on lui dit qu'on l'aime.

Ainsi, à chaque fois, le temps fait son œuvre tel un vent doux qui dissipe les nuages noirs.

Il reprend vigueur. Charles se charge du ravitaillement en cigarettes et s'occupe de son linge. Je n'essaie même plus de parler au médecin qui de toute façon est injoignable. Arthur s'accommode de son environnement tout en se plaignant de ces « folles » qui rentrent dans sa chambre pour le piller en cigarettes. Mais je ne sais plus quoi lui répondre et lui dis :

— Débrouille-toi !

Je sens que l'heure de la sortie approche. Un mois et demi s'est écoulé.

Il va retourner au *Relais de la source*, mais je m'inquiète de la suite. Comment va-t-il gérer ses médicaments ? Dans ces moments, il redevient un enfant qui attend la becquée, sinon il les prend n'importe quand, ou bien les oublie.

Le confinement

Lui va mieux, mais le monde extérieur va mal. Nous entrons dans la pandémie de coronavirus. Un soir de mars 2020, le président de la République, grave et solennel, annonce à la télévision le confinement de la population, alors que l'annonce des morts s'abat chaque soir dans un décompte angoissant.

Il faut s'enfermer chez soi. Je dis à Arthur qu'il ne sera donc pas le seul à être privé de liberté et qu'il n'est finalement pas si mal à l'hôpital. Il accueille mon analyse avec scepticisme.

Alors que nous sommes depuis quinze jours en confinement généralisé, le médecin choisit de libérer Arthur. Il va mieux et peut sortir. Je m'étonne du moment choisi. Mais le père de Charles, Maxime, ne veut pas d'Arthur. Il ne veut voir personne chez lui. Terrorisé par la possible contamination, il reste terré devant les chaînes d'infos en attendant la fin du monde. La peur a envahi les cerveaux.

J'appelle Pierre. Qu'allons-nous faire de lui en plein confinement ?

— Je vais appeler le médecin pour lui demander d'attendre, propose Pierre.

Arthur ne devrait-il pas rester encore un peu en attendant la fin de la tempête ? Le médecin est inflexible :

— Il va mieux et il peut sortir. D'ailleurs, c'est lui qui le souhaite.

Arthur le harcèle pour qu'il le libère.

L'angoisse une fois de plus me brûle. Je ne veux pas revivre l'expérience de la cohabitation sur mon canapé. Son père, qui pourtant dispose d'un quatre-pièces, refuse catégoriquement d'accueillir son fils avec son bébé à la maison. Toujours la même rengaine.

Arthur échafaude alors un plan qu'il qualifie d'une « idée de génie ». Je crains le pire. À raison : il pense aller chez sa grand-mère dans la région parisienne.

Ma mère est atteinte de la maladie d'Alzheimer. À 86 ans, elle peut encore vivre chez elle, même si l'on retrouve le shampooing dans le frigo. Cette idée me paraît saugrenue, absurde. Décidément, les désaxés sont mon quotidien.

Je n'imagine pas Arthur cohabiter avec cette vieille dame. Ancienne femme fatale, elle a pris aujourd'hui un coup fatal. Encore galonnée de bijoux en toc et de tee-shirts à paillettes à son âge. Son appartement ressemble à un boudoir avec des colonnes grecques, de fausses statues en plâtre, des cupidons émasculés, des angelots béats. Au milieu de la pièce, le canapé en velours rouge avec des petites franges, des doubles rideaux en fausse soie qui dégoulinent le long de la baie vitrée. Courbée, tassée, comme si elle entrait en terre, une bosse de bison dans le dos. Sa blondeur Marilyn a tourné au jaune citron, pour bientôt atteindre un blanc grisonnant car elle ne sait plus faire ses teintures elle-même. Le maquillage encore très épais, mal réparti, et le rouge à lèvres déborde presque sous le nez.

Jeune et belle, elle collectionnait les amants. Elle n'a jamais renoncé à séduire. Depuis le divorce avec mon père, il y a plus de quarante ans, elle n'a eu que des aventures sans lendemain.

Il y a douze ans, alors que je sortais d'une rupture, j'avais passé Noël chez mon amie Hélène. Une jolie blonde, veuve depuis quelques années, qui cachait derrière son sourire une douleur inconsolable. Mag, elle, venait d'enterrer son ex-mari d'un cancer. Quant à moi, une séparation récente m'avait laissée un peu chavirée. Toutes les trois avions décidé de réveillonner dans le grand appartement parisien d'Hélène avec nos enfants. Puis, sur un coup de tête, elle nous avait annoncé qu'elle avait invité sa mère de 80 ans et son amant de 60.

J'avais alors proposé d'inviter la mienne qui, au même âge, venait de jeter son dévolu sur un militaire à la retraite, de trente ans son cadet.

Elles avaient sonné à la porte presque en même temps. Tonitruantes, poitrine en avant, elles étaient entrées en scène comme dans une pièce de Feydeau. Elles pressentaient qu'elles seraient les reines de la soirée. Le spectacle pouvait commencer.

Toutes les trois, Hélène, Mag et moi, étions habillées sobrement. Nous portions jeans et pulls vaguement élégants. Les grands-mères, elles, ressemblaient au sapin de Noël, maquillées et habillées comme pour un mariage dans la Sarthe. La mienne détenait le pompon. Elle portait une jupe noire assez courte, chemisier froufroutant, bas résille, perchée sur des souliers vernis à lacets. Un brushing digne de l'infante d'Espagne. Elle avait fait son entrée avec, à son bras triomphant, le jeune André de 55 ans. Il en paraissait dix de plus avec une sage raie sur le côté, les cheveux légèrement gominés à la brillantine. Nous étions restées sans voix toutes les trois, à observer ces mères en goguette, entourées d'hommes plus jeunes, alors que nous flirtions avec la dépression. Tout cela était extravagant. Le troisième âge s'ébrouait quand les quinquas étaient seules et vaguement en jachère.

— On danse ? avait demandé la mère d'Hélène.

Elles s'étaient lancées dans un charleston ébouriffant. Nous étions assises sur le canapé, une coupe de champagne à la main, à les regarder se trémousser comme des adolescentes au seuil de la séduction.

— Non mais regarde-les... Elles dansent et nous on est là, au fond du fauteuil, avait lancé Magali.

— Oui, il y a un truc qui cloche quand même. Nous, on est toutes seules et les vieilles s'éclatent avec des jeunots, avait ajouté Hélène.

— Oui, tu as raison, avais-je dit, c'est pas dans l'ordre des choses. À leur âge, elles devraient parler arthrose et déambulateur... Eh ben non. Elles se tapent des mecs de notre âge !

Nous étions parties dans un fou rire. Nos enfants nous avaient accompagnées dans les éclats de rire, alors que les vieilles dames continuaient leur charleston, toutes essoufflées, le rouge aux joues.

J'emmène donc Arthur chez ma mère en banlieue parisienne.

À chaque fois que je reviens ici, je ressens un malaise qui met des jours à s'évanouir. Il colle. Il me poursuit quand je pars. Le retour dans cet appartement me ramène à l'âge de mon adolescence, avec un arrière-goût d'amertume.

J'ai fait des courses que je range dans un frigo dégoûtant. Je trie les sauces, le beurre, le lait périmés. Je nettoie sa cuisine où mes doigts restent collés sur le formica. Ma pauvre Mout radote et me demande mille fois si nous restons dîner.

— Non maman, je t'ai dit que je t'amenais Arthur pour quelques jours.

— Ah bon ? Mais je ne suis pas au courant.

— Mais si, je te l'ai dit et tu étais d'accord. Tu étais d'ailleurs contente qu'il vienne chez toi.

Je vois bien qu'elle fouille dans sa cervelle qui s'en va doucement. Et pour ne pas me vexer, me dit qu'elle s'en souvient, mais la minute suivante me repose à nouveau la question.

Je me dirige vers la pièce qui était autrefois ma chambre. J'installe Arthur qui n'est guère plus en forme. Il range ses affaires difficilement, n'importe où, à l'allure d'un petit vieux. Je suis épuisée et excédée par les questions permanentes de ma mère qui ne comprend rien au film.

— Mais qu'est-ce que tu fais dans la chambre… Vous restez dîner ?

Je perçois l'inquiétude d'Arthur qui, dans son brouillard à lui, comprend qu'il devra supporter une vieille dame qui a le cerveau en compote. Mais il préférait ça à l'hôpital. Quant à moi, je me sens incapable de le reprendre chez moi, épuisée par les allers-retours en Bourgogne. Le stress et l'inquiétude accumulés ont tracé un sillon de fatigue qui ne trouve aucun repos.

Cette fois-ci je n'ai pas cédé au tyran. Je m'accorde une pause, qui, je le sais, sera de courte durée. Je ne le trouve pas stabilisé et j'en veux à ce médecin qui l'a laissé sortir avec un traitement que je considère comme étant beaucoup trop lourd et mal réglé. Je n'ai pas retrouvé l'Arthur normal. Une part du dévoreur est encore là, tapie dans un coin sombre. Pour l'instant, je gagne du temps, car je sais bien que cette cohabitation ne va pas durer longtemps.

— Bon, je m'en vais. Arthur, occupe-toi de ta grand-mère et prends bien tes médicaments.

— Oui, ne t'inquiète pas. On va être bien tous les deux, répond-il en regardant sa grand-mère.

Je ne crois évidemment pas à son optimisme, qu'il surjoue. Après tout, je lui laisse assumer son « idée de génie ». Je lui donne quelques jours avant de craquer. Je ne sors pas. Je fuis.

J'appelle à 17 heures le lendemain :

— Mais enfin, Arthur, on ne dîne pas à cette heure-ci !

— Ben on a faim… Et en plus, Mout ne mange pas les plats qu'on lui apporte mais veut manger ce que tu as acheté. Elle me bouffe tout !

J'entends la voix de Mout.

— Mais qu'est-ce qu'il raconte. C'est pas vrai. Non, c'est pas vrai.

— Si, c'est vrai, répond-il, agacé.

Ils se chamaillent comme deux infernaux.

J'ai envie de raccrocher. Lorsqu'Arthur me rappelle vers 20 heures, ils dînent à nouveau car, évidemment, ils ont faim. Le steak de 17 heures, c'était le goûter.

Au bout de trois jours, je suis obligée de revenir pour faire les courses, car le frigo est vide. Je reviens chargée comme un mulet et les entends se disputer pour la télécommande :

— Mais elle était là, tu en as fait quoi ?

— Mais c'est pas moi.

Arthur se plaint de Mout et Mout se plaint d'Arthur. Un soir, elle m'appelle en pleurant :

— Oh, tu sais, ton fils, il est méchant avec moi.

— Passe-le-moi !

— Qu'est-ce qu'il y a… ?

— Tu es méchant avec Mout ?

— Mais non, c'est elle qui n'arrête pas de me suivre partout. Quand je vais dans la chambre, elle me suit. Elle ne me lâche pas d'une semelle, hurle-t-il, excédé. En plus, elle a voulu laver mon pull en laine alors qu'il n'était pas sale. Il a rétréci, les manches m'arrivent au coude maintenant. J'adorais ce pull. Elle est trop chiante.

J'entends de loin :

— Il se lève de table pour aller fumer... Il me laisse en plan pour aller dans le jardin alors qu'on n'a pas fini de manger, morigène-t-elle.

— Alors, ton idée de génie Arthur ? Je t'avais dit que ce serait injouable, mais tu ne m'as pas écoutée.

— Oui, mais je n'imaginais pas ça.

— Si, tu la connais.

Il ne répond rien.

Me voilà de retour chez les désaxés. J'arrive les bras chargés de victuailles. Arthur a la tête des mauvais jours. Il est blanc, fatigué, nerveux, instable. Son corps ne trouve pas de quiétude. Il s'assoit, se lève, va fumer. Revient. Se relève. Je sens que cette cohabitation avec ma mère touche à sa fin. Je me prépare à une nouvelle tempête. Je sens aussi que son traitement ne va pas. Il n'est pas redevenu normal. Je n'ai jamais pu parler au médecin qui le suivait à l'hôpital en Bourgogne. Il n'était jamais joignable. J'avais renoncé à l'appeler.

Le lendemain, je découvre sur Facebook qu'il a posté un selfie avec sa grand-mère. Ils portent tous les deux un chapeau et posent la bouche ouverte, les bras en l'air comme s'ils chantaient : *Ainsi font font font, les petites marionnettes...* On dirait deux échappés de l'asile.

— Arthur, c'est quoi cette photo avec ta grand-mère ? Tu crois que c'est une bonne idée de poster ça ?

— Ah bon ? Ben pourquoi ?

— Vous n'avez pas l'air très nets tous les deux. Mais bon, fais comme tu veux, mais je ne saurais te conseiller de la supprimer.

— OK, je vais le faire. Je trouvais ça drôle…

Il marque un temps d'arrêt et supplie soudain :

— Maman, j'en peux plus d'être là. Viens me chercher.

Je sens que la situation va empirer si je le laisse à la dérive avec cette vieille dame qui perd la tête. Je pensais qu'il aurait pu s'occuper d'elle, mais sa sénilité le déstabilise plus encore.

— Bon d'accord, je viens te chercher. Prépare tes affaires.

— Merci… Maman… Je suis désolé. C'est vrai, c'était une mauvaise idée, reconnaît-il.

La vieille dame ne comprend pas pourquoi Arthur s'en va :

— Ah bon, déjà ?

— Oui, mais il est resté plus d'une semaine, c'est bien déjà. C'est gentil de l'avoir reçu chez toi, mais il est temps qu'il rentre.

Il a fait son sac n'importe comment. Tout est en boule et mal rangé. Le pull rétréci au lavage est désormais taillé pour habiller une poupée Barbie. Je le mets à la poubelle. Ma mère demande :

— Vous restez dîner ?

— Non, c'est gentil, on va rentrer.

Nous lui disons au revoir. Dans quelques heures, elle oubliera qu'Arthur est venu passer une semaine chez elle.

Lorsque, voûtée, elle nous raccompagne à la porte, je sens une tristesse au fond d'elle. Un léger larmoiement de celle qu'on abandonne à sa solitude qui est pourtant une fidèle compagne. J'ai le cœur serré.

Cette femme, jeune, était jolie. Elle avait cette démarche rapide de lionne qui chasse. Une langue bien pendue et des yeux qui lançaient des flammes rouges comme l'enfer. C'est aujourd'hui une beauté vaincue qui a laissé filer sa mémoire.

Mais, au moment de partir, son téléphone sonne. Elle me dit :

— Attends, je réponds.

Je l'entends prendre sa voix d'hôtesse de l'air. Ce petit air pas naturel lorsqu'elle s'adresse à un homme.

— Oui, eh bien passe, si tu veux. Je t'attends. À tout de suite.

— Qui est-ce ? lui demandé-je, intriguée.

— Oh, c'est un ami…

— Ah, tu as un amoureux ? dis-je amusée.

— Oh… Il est marié, mais ça me fait une petite récréation.

— Et il a quel âge celui-là ?

— Soixante-dix ans, répond-elle victorieuse, les flammes à nouveau dans le regard.

Un regard de défi. Comme si la vieillesse n'était pas un obstacle à son pouvoir de séduction.

Elle ne s'avouera donc jamais vaincue. Je repars finalement, soulagée qu'elle trouve un peu de réconfort à sa solitude. Elle continue de vivre comme elle a toujours vécu.

Retour sur le canapé. On connaît la chanson.

Le piaf refait son nid au creux du canapé douillet.

Je suis si lasse. Je sais qu'une fois encore, je porterai, seule, le poids de l'effort. Serai-je assez forte pour contenir ce torrent furieux s'il venait à dévaler la montagne ?

Arthur est soulagé de ne plus être chez sa grand-mère, mais il montre toujours des signes d'instabilité.

Je l'emmène dans mon quartier faire des courses. Il met sa casquette à l'envers, soigne un *look* de racaille qui ne lui ressemble pas. Dehors, il parle aux gens et s'enflamme. Il tutoie très vite. Il me fait honte. Le soir, alors que tout le monde est à sa fenêtre pour applaudir les soignants, il se met à danser sur le balcon. Ça ne lui ressemble pas.

J'appelle son père :

— Je trouve qu'Arthur ne va pas bien. Je me demande s'il ne faudrait pas qu'il revoie le docteur V. Il est bizarre.

— Ah bon ! Moi je trouve qu'il est pas mal.

— Mais tu le vois dix minutes entre deux portes. Tu ne peux pas te rendre compte.

Je raccroche avec un sentiment de vide, d'immense solitude.

Je sais, moi, qu'il ne va pas bien.

Quelques jours plus tard, un soir, il est agressif sans raison. Je lui dis que je ne supporterai pas sa mauvaise humeur. Le ton monte.

— Puisque c'est ça, je me casse.

— Et tu vas aller où ?

— Sais pas, chez un pote.

Je pressens qu'il est capable de partir et de vriller si je le laisse s'en aller. Je décide alors de lui parler calmement et l'invite à s'asseoir sur le canapé.

— Écoute Arthur, je pense que tu es sorti avec un traitement médical qui n'est pas adapté. Ce médecin de Bourgogne ne t'a pas bien soigné. Je le sais, je le vois. Il faut que tu revoies le docteur V. Elle t'avait donné un bon traitement. Tu dois la revoir.

— Mais non, je vais bien. C'est toi qui veux m'enfermer.

— Je te propose juste que tu la voies en consultation et qu'elle vérifie ton traitement.

Il s'obstine à dire qu'il va bien et son agressivité se déploie. La situation s'envenime, même si, cette fois-ci, je ne vois pas apparaître le dévoreur. Est-il tapi sous le canapé ou la moquette ?

J'appelle son père :

— Il faut que tu viennes. Là je suis à bout. Je le sens mal et il refuse d'aller voir le médecin.

Contre toute attente, il me répond :

— J'arrive.

En quelques minutes, il est là :

— Alors qu'est-ce qui se passe ?

Il constate que son fils est exalté, nerveux.

— Arthur, il faut que tu acceptes de voir le médecin. C'est vrai, tu n'as pas l'air très frais.

Devant son père, Arthur file doux. Il accepte qu'on l'emmène sur-le-champ aux urgences. Le docteur V. était prévenue de son arrivée et le prend rapidement en consultation. Nous revoilà, Pierre et moi, dans la salle d'attente, assis sur les sièges en simili qui collent aux fesses.

Quelques minutes plus tard, le médecin au joli sourire nous reçoit.

— Effectivement, Arthur ne va pas très bien. Il est très anxieux. Son traitement n'est pas du tout adapté à son état. Il faut faire des ajustements. Mais, pour cela, il faut qu'il soit hospitalisé quelques jours. Pas longtemps. Une semaine pour pouvoir régler son nouveau traitement.

— Pourquoi… C'était mal adapté ?

Je sens qu'elle ne veut pas tirer sur son confrère de l'hôpital de Bourgogne, mais elle me dit :

— En tout cas, il est sorti avec beaucoup de médicaments, son traitement est trop lourd. En effet, il faut tout revoir.

Arthur, qui est assis avec nous, conteste :

— Mais j'ai pas envie de retourner à l'hôpital. C'est hors de question.

— Arthur, c'est juste une petite semaine pour remettre ton traitement et te surveiller. Je te donne ma parole que tu seras sorti dans une semaine, dis-je.

Son père insiste :

— C'est vrai, c'est du bon sens de rétablir ton traitement, et après tu seras mieux.

Arthur se tait puis finit par accepter.

— Bon, d'accord.

On se regarde. Soulagés.

Dix jours plus tard, Arthur, qui a encore goûté aux affres d'une courte hospitalisation, ressort en bien meilleure forme. Il revient à la maison. Petit à petit, il retrouve un équilibre. L'ombre qui le dévorait semble s'éloigner. Son avaleur d'âme prend le large. Je le guette, mais ne le perçois pas.

Son traitement est allégé. Le docteur V. lui a proposé une piqûre de neuroleptique à effet prolongé chaque mois. Il n'a pas à prendre ses médicaments tous les jours, excepté son régulateur d'humeur. Il ne prend plus de somnifères ni d'anxiolytiques.

J'attends qu'il retourne en Bourgogne à la fin du confinement.

Nous reprenons une vie paisible. Remettre petit à petit sa vie à l'endroit. Pendant deux ans, il avait été interdit bancaire pour avoir fait des chèques en bois. Fiché à la Banque de France pour avoir acheté des pizzas avec son vieux chéquier. Une somme ridicule, mais qui avait bloqué tout le processus bancaire. Il prend rendez-vous avec une nouvelle banque et se fait ouvrir un nouveau compte. Je mets 100 euros dessus pour les frais de dossier et pour que le compte vive.

Au royaume des éclopés

Quelques semaines plus tard, je le ramène au *Relais de la source* où son ami Charles l'attend. Son père étant un peu moins angoissé par la Covid-19. Mais le restaurant est encore fermé. Puis l'étau se desserre et la vie reprend, ripailleuse et affairée. L'auberge rouvre ses portes et Arthur y travaille. Il fait la plonge et les chambres sur fond de jazz et de vie d'artistes qui vivent à l'envers. Le chien Momone, un bouledogue qui marche de travers, monte la garde mollement. Récupéré par Maxime qui avait retrouvé le chien à moitié mourant sur une route. Ici, les éclopés sont les bienvenus.

En moi l'appréhension est encore là, elle me grignote. Je crains l'appel au secours, les crises d'angoisse qui pourraient le submerger. Je demande régulièrement des nouvelles, mais sans excès. Je freine mes envies d'appeler et de me mêler de sa vie. Je ne lui demande plus s'il se couche tard, mange bien et ne fume pas trop de cigarettes. Je lâche mes vieilles habitudes de mère poule.

Je me suis tant occupée de ses ombres que j'en ai oublié les miennes. Une étrange fatigue m'habite, je ne trouve pas de repos, pas de quiétude. Je suis comme une vieille guerrière qui n'a plus de combat à mener, excepté celui contre une sourde inquiétude qui me tient encore par les épaules. Quand il m'appelle, mon cœur s'emballe et je m'attends à une nouvelle catastrophe. Mais sa voix est calme, posée, normale.

À son retour à l'auberge, son père et moi avons décidé de verser à Maxime, le père de Charles, une somme d'argent mensuelle pour son hébergement et ses cigarettes. Nous ne donnons pas d'argent directement à Arthur. Il est encore trop tôt.

Il y a un an, il avait demandé à l'assistante sociale de l'hôpital une allocation adultes handicapés.

— Ce n'est pas une bonne idée, m'avait dit Pierre. Il risque de se comporter comme un assisté et il ne va pas chercher de travail.

— Oui, c'est vrai, mais il me semble que les médecins t'ont conseillé de le mettre sous tutelle, non ?

— Oui, j'ai fait les démarches. On verra.

Quelques mois plus tard, nous recevons tous les trois une convocation du tribunal pour sa mise sous tutelle. Arthur va toucher son allocation avec une rétroactivité, car le processus est très long. Une jolie somme va atterrir dans son escarcelle. Le rendez-vous est fixé dans quinze jours. Je réfléchis à ce qu'il faut faire, mais mon intuition me dit qu'une mise sous tutelle serait une bien mauvaise solution.

J'appelle Pierre.

— Je ne sais pas ce que tu en penses, mais le mettre sous tutelle serait une façon de l'infantiliser encore plus et tuer dans l'œuf toute possibilité d'émancipation. Il faut qu'il se responsabilise. Il faut lui faire confiance quoi qu'il en coûte. On ne peut pas être sans arrêt derrière lui. Je serais partisane de retirer la demande devant le juge.

— Je pense que tu as raison. Il est temps qu'il gère sa vie. Je continue de penser que cette allocation lui enlèvera toute envie et tout besoin de chercher à travailler.

— Oui, mais il en a fait la demande et elle lui a été accordée. C'est trop tard.

Je me rends compte que, même au fond du trou, Arthur s'était chargé de ses intérêts et de ses démarches. Nous l'avions laissé faire pensant que ça n'aboutirait jamais, mais le bougre y avait mis une certaine énergie.

J'en parle à Arthur qui, évidemment, accepte cette décision. Je lui demande ce qu'il en pense :

— Je suis capable de gérer. Mon interdiction bancaire m'a donné une bonne leçon.

Nous nous retrouvons tous les trois quelques jours plus tard au tribunal. Devant la juge, j'affirme, en me tournant vers Arthur et en le regardant bien dans les yeux, que « nous lui faisons confiance et que nous retirons la demande de mise sous tutelle et qu'il est en capacité de gérer son argent ». La juge se tourne vers le père qui acquiesce.

Je pense que nous avons pris la bonne décision.

Lorsqu'il reçoit son virement, je lui demande s'il est d'accord pour mettre la moitié de la somme sur un compte épargne pour éviter tout dérapage. Il accepte cette ultime précaution.

Arthur retourne au *Relais de la source*.

Fragile radeau

Arthur n'a plus pris de drogues depuis un an et demi et vit à la campagne. Enfin c'est ce qu'il affirme. Il ressemble à la tour de Pise. J'ai le sentiment que au moindre coup de vent, l'édifice peut s'effondrer. Il prend ses médicaments régulièrement, car il a compris les risques que ses oublis provoquent invariablement : un retour à l'hôpital. Son neuroleptique et son traitement pour les troubles de l'humeur le stabilisent. Il continue de se rouler des gros pétards de CBD, du cannabis, mais avec une infime dose de THC, la substance qui rend *stone*. Il en fume beaucoup. Quand le restaurant est ouvert, il fait la plonge et aide au jardin. Cet endroit l'a-t-il sauvé de ses tentations ? En pleine campagne, il est plus difficile de trouver des dealers à moins d'aller snifer les orties. Il semble aimer cette vie bohème, coupée d'une forme de réalité, où l'on fait ce qu'on veut, à l'heure qu'on veut. Sans pression, sans enjeu, sans grand précipice à proximité. À un moment, il a été tenté de reprendre des études puis s'est ravisé :

— Ce n'est pas une bonne idée de retourner à Paris. J'aurai des tentations.

Le mal qui le ronge est encore tapi sous ses pieds. Sa volonté est vacillante, et l'ambition aux abonnés absents.

Il y a quelques semaines, avec Charles, ils ont eu l'idée de créer une Web TV pour filmer des interviews politiques avec des journalistes. Ils nous invitent son père, un autre éditorialiste et moi pour un débat sur la future présidentielle. La discussion est sympathique. Arthur est à la caméra, Charles anime les entrevues. Un sursaut d'espoir… Mais peu de temps après, Arthur me demande s'il peut rentrer avec moi à Paris, car il a pris rendez-vous avec sa psychiatre au joli sourire. Je me demande si ce n'est pas un prétexte pour retourner sur le canapé. Je refuse et lui propose qu'il fasse un aller-retour dans la journée.

— Je veux voir mes copains. De toute façon j'irai quand même. J'irai dormir chez eux.

J'essaie de l'en dissuader, mais sa décision est prise. Il veut venir à Paris.

— J'ai rien pris depuis un an, je vais très bien. Ne t'inquiète pas. C'est juste que j'ai envie de changer d'air.

Une fois encore, je cède. Je le ramène avec moi en lui posant des règles : je lui fais des recommandations sur la propreté et lui demande de ne pas trop fumer de cigarettes dans mon appartement.

Un soir, il me dit qu'il va dormir chez un copain. Je me contrôle et ne lui demande pas de détails. Il revient. Je scrute son œil, son état me semble stable. Deux jours plus tard, il sort à nouveau et découche. Il revient le lendemain, le regard dans le brouillard, il est pâle et transpirant, et me demande de l'argent avec agressivité. J'ai un doute que je camoufle aussitôt à l'intérieur de moi. Et s'il avait repris de la drogue ? Puis, au fil des heures, il devient tyrannique, exigeant. Il sort de lui une soudaine colère contre tout le monde, contre la vie, les gens. Il me traite de « crevarde ».

Mais cette fois je n'ai plus le cœur qui bat à tout rompre. Il hurle et je reste de marbre comme si la partie de moi qu'on veut abîmer était morte, inerte. Je le coupe pour lui dire que je ne l'autorise pas à me parler ainsi. Il devient menaçant :

— Tu crois que je me suis drogué eh ben non. Tu veux me mettre à l'HP ? C'est toi qui vas y aller !

Je n'accepte plus le jeu infernal du dévoreur ni le scénario de la mère victime. C'est la première fois que je le mets dehors. Je n'ai plus de force pour le soutenir ni de combustible pour tenir le coup. Il faut que la roue cesse de tourner toujours à l'envers. Quelque chose doit changer.

Je lui dis calmement :

— Va-t'en… Je ne veux plus de toi ici. Je ne vais pas supporter tes insultes.

Il continue à vociférer en rangeant ses affaires qu'il met dans le maudit sac jaune. Il part. Je laisse un message à Pierre pour lui raconter que j'ai été obligée de mettre Arthur dehors tant il était infernal. Il ne me rappelle pas. Arthur me téléphone une heure plus tard.

— Allô… Je me suis fait voler mon sac par des racailles. Ils me l'ont arraché.

Je lui dis qu'il peut revenir s'il se calme. Il arrive, essoufflé. Je lui tends un verre d'eau. Mais il est toujours aussi excité, vindicatif, agressif. Je sens que l'heure n'est pas à la psychologie, même si je lui demande d'où vient cette colère. Il ne répond pas, marche vite dans l'appartement. Entre-temps, il a appelé son père qui lui a proposé en chevalier blanc de le ramener en Bourgogne. J'appelle Pierre qui ne décroche toujours pas. Soudain la colère reprend son cours et sa vigueur :

— De toute façon papa va venir me chercher, il va m'emmener à l'auberge. Puisque tu jettes ton fils dehors. J'espère que tu vas crever toute seule.

— Dans ce cas, va attendre dehors ton père, dis-je toujours calmement.

Ma poitrine me serre, me fait mal. J'étouffe mais reste ferme.

Son père l'emmène au *Relais de la source*, le laisse et repart. Il ne m'a toujours pas appelée. S'est-il rendu compte de l'état de son fils ? Pourquoi l'a-t-il laissé dans cet état ?

Le soir même, Arthur m'envoie des messages incohérents. Et il est tout seul, les autres sont partis jouer du jazz dans un château. Seul l'oncle de Charles est à quelques minutes. Il m'appelle et s'occupe d'Arthur le soir, lui parle comme à un enfant, lui joue du piano pour apaiser ses angoisses. Mais la nuit est un cauchemar. Il ne dort pas. Le lendemain, il m'appelle à 5 h 30. J'essaie de lui parler, mais il crie. Alors je lui dis d'aller dormir et raccroche. Une heure plus tard, le frère de Charles, Jean, m'appelle. J'insiste pour qu'il l'emmène à l'hôpital. Jean me répond qu'ils vont s'occuper de lui, jardiner et déjeuner et que ça va aller. Je voudrais y croire. Mais je connais la suite. J'ai toujours l'oiseau de mauvais augure perché sur mon épaule. Il chuchote, mais je l'entends.

Deux heures plus tard, un camion de pompiers vient chercher Arthur. Le tragique de répétition est à l'œuvre. Arthur à nouveau furieux, vitupérant. Contre quel démon invisible se bat-il ? Est-il en colère contre lui-même pour avoir cédé au désir irrépressible ? Aux puissances noires ? Pourtant, Arthur a été résilient, courageux, solide. Indestructible. Il n'a pas abandonné. Lui aussi s'est agrippé avec les ongles contre son mal qui l'enfonce dans l'obscurité de sa propre impuissance. Il s'est détesté, il s'est dévalorisé. Sans doute une partie de lui voulait disparaître pour échapper au spectacle tragique dont il était le témoin consentant et rétif à la fois. Il a chuté, mais à chaque fois il s'est relevé et a repoussé le mur de cendres qui l'étouffait.

Des dizaines de fois, au bord de l'ultime précipice, il s'est toujours redressé, car la vie est plus forte que lui. Comme le funambule, il a miraculeusement retrouvé l'équilibre. Le pourra-t-il encore ?

*

Quant à moi, la douleur est encore si vive et brûlante. Je me suis tant de fois demandé ce que j'avais pu faire de travers. Je crois que cette question est vaine. J'ai tout tenté. La carotte et le bâton. J'ai bataillé avec mes forces et mes faiblesses de mère. La culpabilité m'écrase le cœur comme une grosse pierre et pourtant je ne trouve aucune réponse, parce que la solution réside en lui. C'est à lui de choisir. Va-t-il un jour accepter d'aller visiter ses ombres ? Partir à la chasse pour dézinguer le chacal qui le dévore ? En a-t-il la force et le courage ? Veut-il guérir ? Quand ? Comment ?

La douleur est un lourd fardeau, qui pèse son poids. La douleur nous plonge dans l'obscurité la plus totale et la solitude ontologique. Elle plante ses éperons dans nos flancs, mais elle nous réveille. Elle rend conscient. Vivant. Avec elle, on ne va plus au pas ni au trot, mais au galop. On saute les obstacles en pensant qu'ils étaient infranchissables. La souffrance des autres devient insupportable. Même celle d'un piaf qui tombe du nid ou de l'insecte qu'on ne veut plus écraser d'un coup de talon. Quand on souffre, on reconnaît et on entend toutes les souffrances, on acquiert cette faculté de les ressentir partout et en chacun.

Par ce drame, j'ai pu défendre et découvrir la femme que j'étais. Puiser en moi une force que je ne connaissais pas.

Arthur a dit que sa tragédie avait rassemblé tout le monde. Je n'en suis pas sûre d'ailleurs. J'aurais aimé, bien sûr, qu'il trouvât un autre moyen, mais ce fut celui-ci.

J'ai tant appris. Nos enfants, sous des habits de tyrans, peuvent être des maîtres et nous révéler qui nous sommes. Souvent nous croyons faire « leur bien ». Que savons-nous de leur « bien » ? Nos désirs ne sont pas les leurs. Ce que veulent les enfants, ce ne sont pas des parents se sacrifiant, mais des parents solides, heureux. Rester fermes tout en étant présents.

Comment réussir à transformer un cauchemar en opportunité, en pacification ? Sans doute aurait-il fallu comprendre plus tôt son immense sensibilité, sa peur de vivre et de grandir. D'affronter le monde et son labyrinthe. En tout cela réside la responsabilité des parents que nous sommes.

Dirais-je que cette souffrance m'a changée ? Sans doute. J'ai déboulonné presque chaque vis de mon armure. Je me suis déshabillée du fer qui m'enfermait. Ma dureté apparente par trop de douleurs enfouies s'est effondrée comme une chantilly sur un joli gâteau. Je pense avoir gagné en compréhension de moi, des autres. J'ai traversé la forêt, il y faisait très noir et froid. J'y ai revu « la mère négative », celle qui m'a élevée, celle qui vit peut-être encore en moi, la mère archétypale en chacun de nous. Cette part d'ombre que nous refusons de contacter. Je suis véritablement née le jour où ce drame a commencé. Il y avait un point de départ, mais pas de point d'arrivée. Ce qui comptait, ce fut le chemin.

Table

Table des matières

Remerciements

Écrire ce livre m'a sans doute sauvée et beaucoup m'ont encouragée, soutenue… La première d'entre elles est Julie Daniel, mon éditrice qui m'a fait confiance, guidée avec intelligence douceur et bienveillance…

Merci aussi à Nathalie Lévy « la bonne fée », la généreuse amie.

À Pascale et Bernard Henry, mes éveilleurs, mes plus fidèles amis.

À Pierre Jacquemain, l'initiateur.

À Marion Van Renterghem qui m'a conseillée quand tout a commencé : « Écris tout ! Chaque détail, chaque dialogue, tu en feras peut-être quelque chose. »

À Alain Frachon pour son regard bienveillant sur Arthur.

À Élodie Grégoire pour son accompagnement solide.

À Jean-Marie Colombani pour sa compassion et sa chaleur, son épouse Catherine Colombani pour sa compréhension de mère.

À Véronique Reille Soult, l'amie toujours positive.

À Philippe Babielle, l'homme sage.

À Christophe Tison, le soutien bienveillant d'Arthur.

À Patrick Rockel et Dominique Sauget, mes indéfectibles amis et premiers lecteurs.

À Nathalie Saint-Cricq pour ses encouragements quand je doutais.

À Hervé Armant, Solange Saffar et Pascal Piva pour leur écoute bienveillante.

À Charlotte Urien-Tomaka et Frédéric Rivière pour leur soutien quotidien au travail.

À Jacques-Marie Brault pour son énergie et sa foi indestructibles.

À Mélissa Bell, pour son amitié constante.

Au docteur Géraldine Voegeli, psychiatre, chef de service à l'hôpital Corentin-Celton.

Aux infirmières et infirmiers pour leur gentillesse et leur infinie patience.